張學良與趙一荻的清泉幽禁歲月 1946–1960

張閭蘅、張閭芝、陳海濱　編著

目錄

前言

陳海濱

這本書真實地記錄張學良、趙一荻在台灣的囚禁生涯。

他是出生於綠林家族的長子，一位英氣逼人、威震東三省的少帥，一位曾經廝殺疆場的年輕將軍。他曾經擁有東北廣袤的森林與黑土，他曾經背負「不抵抗將軍」的惡名，國仇家恨，讓他夜不能寐。一九三六年十二月十二日，他與楊虎城將軍一同發動了震驚中外的西安事變，用他自己的話說「我把天捅了個窟窿」，這是需要多麼大的勇氣與膽識。西安事變促成了國共合作，形成了抗日統一戰線，由此拉開了中國全面抗戰的序幕。

西安事變是中國近現代歷史的轉折點，也是張學良人生的轉折點。當他「負荊請罪」送蔣介石回到南京，從此，他失去了自由。他有一腔熱血，卻無緣再上戰場，在「嚴加管束」下不停地遷徙跋涉。抗戰勝利後，又被送往人煙稀少的台灣井上溫泉（編註：舊稱井上溫泉，現更名為清泉溫泉），在群山環抱中飽嘗十餘年與世隔絕的軟禁之苦。幸好身邊有一位知音相伴。張學良與趙一荻相濡以沫，攜手一同度過了無數的日出日落，潮漲潮落。往昔的榮辱已漸行漸遠。在台灣

幽禁期間，讀書成了張學良唯一的愛好，讀書之餘，遊歷於青山綠水間。他的前半生是用刀槍書寫的戎馬人生，而他的後半生則是用筆記錄著自己的心路歷程。他喜歡拍照，用相機為自己及家人保存了一份極為珍貴的圖片資料。

斯人已逝，風采依舊。這被塵封的山中歲月，世人知之甚少。為了讓更多的人能全面地了解這段歷史，本書挑選了一批張學良、趙一荻一九四六～一九六〇年幽禁生活期間的珍貴圖片，並根據張學良的日記、口述梳理編撰成冊。本書所選用張學良、趙一荻的圖片，均為首次發表。此次出版的《張學良與趙一荻的清泉幽禁歲月 1946—1960》僅僅是張學良、趙一荻在台灣幽禁生活的一段，以後還將根據圖片資料整理的情況，陸續分冊出版。

記憶中的大伯大媽

張閭蘅

人的記憶有時會隨著時光的流逝慢慢被稀釋，但有些人與事卻隨著歲月沉澱而日益清晰，成為生命中或生活中不可或缺的一部分，並影響你的言行或改變你的人生軌跡。對於我來說，他們就是我的大伯、大媽：張學良、趙一荻。

（一）

我們張家真是一個大家族，後來我才知道，我有那麼多的親戚。我的奶奶是東北張作霖的五夫人，我父親張學森在張家排行第五。我們一家原先一直住在天津，一九四六年才搬到台灣。當時我尚年幼，不明白為何搬到台灣來，離開熟悉的環境到這麼一個既陌生又貧窮的小島上。我沒有想到，正是因為搬到台灣，在後來的日子裡，我們一家成為大伯、大媽最為親近的人，這種互相的依持不僅僅是血緣維繫，而是彼此都成了對方生命中最重要的一部分。

我到台灣繼續上小學，在我上五年級的那年（大約是一九五四年），有一天，每天接我上下學的三輪車車夫給我一張紙條，說媽媽讓我放學後直接到台北中心診所找她。我很高興，因為這個中心診所是台北當時醫療條件比較好的醫院，院長是我們家的遠房親戚盧致德，他的手下有個廚師，會做一手地道的西餐，平時要想吃到他做的西餐，是要提前預訂的。我以為一定是媽媽讓我開開「洋葷」。

我到了診所，發現不對，媽媽在醫院樓上的病房等我，再一看，全家人都在。一問才知道，不是來吃西餐，而是來看「大伯、大媽」，失望的心情是可以想見的。看到媽媽及家人焦急的樣子，同時也覺得好奇，「大伯、大媽」長什麼模樣？一會兒，聽到廊道有動靜，家人都貼在門縫往外看，我呢，好不容易才看清大媽的模樣，而大伯只見了背影。媽媽說，因為大媽生病要住院開刀，大伯、大媽才從山裡到台北。

這是我第一次見到我的大伯、大媽。我無法理解，探視大伯、大媽幹嘛要這樣「偷偷摸摸」，我怎麼也無法將課本中的「張學良」與大伯聯繫在一起，為什麼他們也在台灣，卻不能與我們來往呢？記得，奶奶常念叨說大伯、大媽被關在山裡很長時間了，不知他們過得怎麼樣？奶奶每每提及「大伯」總是神情憂傷。在我的印象中，那段時間，家裡人時常提及大伯、大媽，好像他們住在一個很遙遠的地方。後來我才知道，大伯、大媽從一九四六年十一月被押往台灣後，一直幽禁在新竹縣清泉的大山中。台灣當年的交通遠未及今天這麼便利，新竹在我的記憶中，已經是很遙遠了。大伯、大媽在人煙稀少的山裡一待就是十餘年呀！

我上高中時，大伯、大媽才從高雄搬回台北，但還是不允許與家人見面。記得一個星期天，迪克（盧政德）約我們一家去作客，他家隔壁住著董顯光（原「駐美大使」），聽說那天大伯、大媽會到董顯光家作客，這次，我們是隔著大玻璃窗觀望。我終於看清了大伯的模樣：個不太高，有些發福，頭髮灰白，幾乎掉光了。哦！這就是張學良？我的大伯！這就是奶奶、父母牽腸掛肚、時時念叨的大伯？我怎麼也想像不出當年「英俊少帥」的樣子。心裡甚感不平的是，這個政府真不講道理！為什麼把我們長輩關了那麼久？見一面跟「做賊」一樣。太不公平！

那一天，大伯、大媽的模樣，凝刻在我的記憶中。

（二）

高中畢業後，我到美國留學。一九六五年是我留學後第一次返台省親，也正是這一年，我在家中與大伯、大媽見了面。聽家人說，大伯、大媽搬到台北後，在北投復興崗建房，與過去相比，稍許自由些，大伯到台北市區總會來我家坐坐。

說是正式見面，畢竟隔了兩代人。大伯是張家的長子，與我父親為同父異母的兄弟，但年齡懸殊甚大。大伯帶兵打仗時，我父親還是一個嬉戲打鬧的頑童。在家人介紹、寒暄之餘，我看著

大伯的笑臉，永遠留在我們姊妹的腦海中。

兩位長輩，歲月的滄桑似乎都刻在他們臉上，大伯的言語中不失機敏活潑，大媽話不多，眼神中總有一些淡淡憂鬱。他們大都與奶奶、媽媽交談，我在旁邊聽著，大伯會不時地看著我，眼神裡充滿了親情與關愛……這次回台灣，與大伯、大媽見了兩三次，我就又回到了紐約。現在想來，當時見面，沒有好奇與激動，彷彿原本就熟悉，並無初次會面常有的陌生感。淡淡的問候中，能感受到大伯、大媽對親情的渴望和希望同張家晚輩即我們姊妹聊聊天……大伯、大媽身邊沒有別的親人，他們的子女均遠在美國，只能靠書信來往。大伯知道我在美國留學，見到我是否會想起他們在美國的兒女呢？不知道。但他看似不經意的凝視眼神，卻留在我的記憶中。

（三）

讀完大學，自然是找份工作。我已習慣和熟悉了美國的生活節奏與環境，如果不是生了一場病，我可能會一直待在美國。在紐約期間，一入秋我就傷風，越冷越嚴重，並伴隨著水腫，腸胃功能紊亂，吃什麼藥也不見好轉。美國的大夫建議說，最好換個環境，到溫暖的地方待上一段時期，否則很難恢復。沒辦法，我只好回台灣，想先回家休息一陣再說。在外一人又多病，還是家好，這樣我又回台灣了。

一九六七年，我回到台灣，回家的感覺真好！我們在台灣的親人，大大小小好幾十口，如果聚在一起，真不是一般的熱鬧。最常來的總是大伯、大媽，一九六四年他們在台灣經歷了「離婚」、「結婚」（編註：指張學良與于鳳至離婚，與趙一荻結婚），人生對於他們來說，除了相依相伴，形影不離，已到了無欲無求的境界。每星期起碼來我們家三到五次，每次來，總要弄出很大的「動靜」。一群時刻跟隨的「服侍」先進家轉一圈，看是否有陌生人後，便在門外警戒，有時甚至坐在屋裡，面無表情地聽我們家人聊天。

大伯似乎已經習慣了這種被人監視的生活，非常坦然，依舊與我們家人大擺「龍門陣」，聊到高興時，笑聲朗朗。有時他還拉我們一同上館子，邊吃邊聊。我就是從那時起，才真正認識了我這位「鼎鼎有名」的大伯，我與大伯的感情，也是在這段交往中，在聽他的講述中慢慢建立起來的。

大伯喜歡講述東北的往事，講述他童年的故事，大伯的講述喚醒了我童年時在天津饞吃冰花的記憶，海峽那邊是我們的老家！我忽然想回老家看看，回大陸去看看……這一想法，徹底改變了我所有的計畫，這也是後來我決定到香港發展，並在一九七九年冒著風險返回大陸的初衷。

現在想起那段與大伯、大媽在一起的時光，令人難忘。大伯家在北投，那塊地皮是他買的，那棟房的格局是他設計的，他自己花錢蓋的自然傾注他的情感。在他們家裡，除了跟隨他們同生死共患難、不是親人卻勝似親人的吳媽之外，其餘「服侍」的人，都是保密局派來的看守特務。在大伯家的外圍，也布滿保密局的警衛點，不讓外人靠近。我們平時不能常去大伯家，偶爾去了，家人總要再三交代，說話要小心，隔牆有耳，不能口無遮攔，免得給他們添麻煩。當時我真是無法理解，看著他們宛如生活在「鳥籠」中，心裡很壓抑，也很氣憤。大伯的「自由」是很有限的，來往的朋友也少得可憐，除了家人，只有張群、張大千、王新衡、大衛黃（黃仁霖的兒子）等幾家可以走動。大伯每次外出都要提前報告，出門時，總是兩輛車，前一輛是大伯、大媽，跟隨的一輛就是便衣特務或警衛。

大伯、大媽最開心的日子是逢年過節。每到年三十，我們與大伯、大媽一起在北投過年。平時他們家冷清寂寞，連玩牌都不允許，這一天可以例外。大媽忙裡忙外準備年夜飯，她燒得一手好菜，中西餐都很拿手，尤其是西式蛋糕更是一絕，小巧精緻、香甜誘人。吃過年夜飯，大伯帶頭玩牌，別看他的視力聽力均不好，每次贏家總是他，我們口袋裡的「紅包」還未焐熱，大部分的壓歲錢都回到了他手裡。看我們沮喪的樣子，他呵呵一笑說：「要錢，你們差遠了，我是拜過師的！」有好幾年，都是大媽下令：「散局！」大伯才肯放人。這就是我的大伯，天性愛熱鬧、愛玩、愛生活。有時我會想，那些囚禁的日子、與世隔絕的時光，大伯、大媽是怎樣熬過來的？在他的記憶中，那是一段什麼樣的日子呢？

後來我在香港定居了，往返台灣很方便，只要我回到台灣，大伯幾乎每天都來。他往屋裡一坐，打開「話匣子」，我們都成為他的聽眾，他講他的童年、他在東北的往事，講祖父張作霖的趣事，偶爾也會講起囚禁生活中逗樂的事……在他的講述中，張家的「老事」、人與物似乎都鮮活地呈現在我面前，那些原本遙遠、陌生的人與事，對於我們這些從小生活在台灣的張家後人來說，清晰得似可觸摸。

（四）

日子久了，我與妹妹閭芝成為大伯最好的傾訴對象。常常是我們三人聊，大媽有時就避開，因為她一見我們總是談《聖經》或上帝。別說我們，有時大伯也煩，就打斷她說「換個話題」。我理解大伯，他在漫長的囚禁生活中，除了大媽，無人可聊，他是靠回憶和讀書度過那段難熬的日子的，他的周圍全是看守監視的人，那些人還時時提醒他「不能跟陌生人交談！」大伯的心裡積存了太多太多想說的話。

記得有一次，大伯笑著對我妹妹說：「你大姐一回來，那批跟班可忙壞了！」因為我好交際，朋友多，只要我回台灣，家中便「高朋滿座」，熱鬧無比。大伯來了，很開心地看著我們，並不時與我的朋友聊上幾句，這讓那批「跟班」非常緊張。當時，凡是與大伯說過話或見過面的人，都是「跟班」調查的對象，都必須一一詢問，記錄在案。「跟班」知道都是我的朋友，他們不好意思直截了當向我盤問，常常問家裡的佣人、司機或樓下看更打聽，但他們哪能百分百掌握實情？有很多時候，我有意弄虛作假，這些大伯看在眼裡、心裡跟我一樣得意高興！

調皮愛熱鬧的性格跟我們這批年輕人一拍即合，只要我們在，大伯幾乎每天都來。這也是大伯喜歡到我們家的緣故吧。有時一待就是半天，吃了晚飯還沒有動身的意思，「跟班」就不時上樓來催，大媽有些緊張，可大伯正聊到興頭，故意裝聽不見，能多待一會兒，他就多「賴」一會兒……每次看到大伯如貪玩的頑童不願「回家」，而「跟班」又不停地催促，心裡又痛又恨！大伯、大媽已經被他們囚禁了那麼久，為什麼還不放過他們？這種「管束」的日子何時才能結束呢？聽大伯講，他在上世紀三〇年代就擁有自己的「私人飛機」，甚至自己駕駛飛到南京開會，再想想現在，這叫什麼日子？他內心的痛楚，是無法用言語表達的。環境、容貌都在改變，但他唯一沒變的，是他性格中的開朗豁達與率真。連我的朋友都知道，我家有一個「頑童」般的大伯，喜歡與他聊天，聽他講故事。只要你跟他待一會兒，你就會被他的睿智魅力所吸引。

（五）

我常對自己說，我真幸運有這麼一位長輩，從他那裡，我學會了許多做人處事的道理。他對我們的呵護、關愛，細微無聲，常常只是簡單的一句話或一個眼神。他認為我們做得不對時，最多說一句「你們不懂」或「糊塗」，然後他會告訴你，應該如何去做，像對朋友一樣娓娓道來。從他言談中，我能感受到他對家人、家鄉、國家、民族的摯愛。談起這些話題時，他興奮不已、神采飛揚，有時說著說著，黯然神傷，音落神凝。即便現在，一想起他陷入沉思中的傷感神情，我的淚水仍會奪眶而出。他的心時時牽掛著兩頭，一邊是他的老家故土，一邊是是遠在異國的兒女……正因為我們能感受到他內心的寂寞與思念，我們想為他做點事，我與妹妹閻芝的生活都改變了。妹妹先是成了大伯、大媽的「管家」，而後提前「退休」陪伴他們。我呢，一九七九年「貿然」進了中國大陸，乘火車去了廣州。

這是我自一九四八年離開天津後，第一次返回大陸。回到香港後急不可待地飛往台灣，想把我在大陸的所見所聞告訴大伯。見了大伯後，還未開口，大伯悄悄先問了一句：「你回大陸了？」嚇了我了一跳！我去大陸沒告訴任何人，擔心乘飛機，航空公司要登記才改乘火車，大伯怎麼會知道呢？後來大伯告訴我，當局對進出大陸的人是密切「關注」的，那些「跟班」已知道了情況，是要大伯找我核實。大伯告訴他們，要問你們自己問！但除了大伯，始終也沒人找過我，他們知道問也白問。

有驚無險，反正也是「紀錄在案」，我依舊不管不顧地講。我去了許多地方，也認識了不少新朋友，大伯說過的地方，我都會去看看、聽聽。回台灣後，趕緊一一告訴大伯，我就是想讓大伯多知道些曾經在他夢中牽掛的人與事。一九八二年，我到北京，見到了時任全國政協副秘書長、楊虎城將軍之子楊拯民。他熱情款待了我，介紹我認識一些大伯的熟人，我也告之大伯的情況。回台灣後，我向大伯轉達了他們的問候。大伯聽了很高興！他悄悄告訴我，再回大陸，可以找兩個人，一位是呂正操，一位是萬毅。說這兩位都是他以前的老部下……

我按大伯的意思去做，無形中變成大伯與他部屬之間的「聯絡員」，也成為自一九三六年西安事變之後，尤其是一九四九年海峽兩岸經歷多年隔絕之後，大伯與中國大陸可以互通信息的唯一渠道。一方面是我的性格使然，另一方面也是基於在台灣，我們與大伯這種特殊的關係，這是無人可以替代的。但我心裡清楚，是大伯的言行影響和改變了我，改變了我和妹妹閭芝的人生。我曾希望在他有生之年，為他多做點事，讓他心裡的願望得以實現。這就是多年來催迫著我奔波於途的心願。

大伯、大媽後來去了夏威夷，我們全家陪著他們一同沐浴陽光與海風，這樣自由自在的時光對於他們來說，來得太晚了！眼看著他挽起袖子生氣勃勃的軀體日漸枯乾，炯炯有神的目光在悄然黯淡……我讀懂什麼叫「力不從心」！我無法阻擋時間的腳步，在大媽去世一年後，二〇〇一年，大伯也畫上了人生句號。大伯走了，帶著遺憾走了！只有我知道，大伯的有些願望是永遠無法實現了！每每念及，潸然淚下，傷感無限！遺憾無限！

（六）

西安事變已經過去七十年了。西安事變是中國近代歷史的轉折點，也是我大伯人生「大起大落」的轉折點。在國難當頭之際，他用槍扣押了「上司」，逼其抗日，又抱著犧牲自我的精神，經受了遙遙無期的「管束」，這不是一般人可以做到的。自一九四六年十一月，大伯、大媽被押往台灣井上溫泉，他們的消息被嚴密封鎖，幸好大伯留有大量的日記、照片、手稿、這些資料都是從未發表過的，我們將其分段編撰成冊，通過這些圖文並茂的真實紀錄，讓海內外所有關心張學良、趙一荻的讀者，了解他們是如何相依相伴度過那段人生苦旅的。在許多人的眼中，他們曾經是風雲人物。的確，他們的一生始終被人「前呼後擁」著：早年是他眾多的部下，晚年是各種訪客與媒體，其間漫長的幽禁歲月則是一群甩都甩不掉的「跟班」……人生起伏，榮辱煙雲，坦然處之，這就是我眼中的張學良、趙一荻，我可親可愛的大伯、大媽，他們永遠活在我的記憶中。

我與大伯大媽有約

張閭芝

我的父親張學森是張學良將軍的五弟，兄弟年齡差距廿歲。常聽大伯提及當年在瀋陽大帥府有外賓來訪，見院中一群兒童正玩耍嬉鬧，大伯向客人介紹這群孩子，有的是兒子，有的是弟弟，兩代人玩在一起，實是有趣現象。家父自幼對他的大哥尊敬如父（祖父張作霖皇姑屯遇難時，家父僅八歲），大哥對小弟弟的親情與關懷更是融入了父子般的疼愛。

一九三一年九一八事變，大帥府被日本人侵占，倉皇中一家人分散至北平或天津，也有至英、美的；家父隨著祖母在天津求學、成家。一九三六年西安事變後，被「嚴加管束」的大伯與親屬的聯繫受限，於一九三八年及一九三九年我父母在香港及美國見到趙一荻小姐，得知大伯的消息。此後則音訊全無，直到一九四六年祖母於天津收到大伯來自台灣的信，才知他們已到了台灣。一九四八年襁褓中的我隨著祖母、父母及兩個姊姊從天津到了台灣，父母雖多方嘗試著想與大伯聯繫都未成功，大伯已聽說五弟也到了台灣，在其一九五五年二月二十七日的日記中，未加注明悄悄地記下了我們當時在台北的住址。直到一九六一年九月，大伯才得到「當局」獲准與親屬見

在夏威夷的黃金海岸，我與大伯在一起。

面，祖母及父親與大伯這一別足足等了二十五年矣！回想見面的情景感人至深，大伯仔細端詳著每一個人；十四歲的我大聲地叫一聲「大爺」（北方人稱大伯為大爺），跪地叩頭行大禮。這就是我第一次見到了歷史課本中的「張少帥」，接著我見到了「大媽」趙一荻小姐。是親情使然，還是受祖母及父親的激動所感染？眼前這位大伯的氣度風範，立刻深深感動了我。

這一年是大伯軟禁生活的一個轉折點，一個新生活的開始。在宋美齡女士及蔣經國先生的協助安排下，由自己出資選地設計興建住所，在台北市近郊北投復興崗建了一棟西式二層房屋，院內有假山、魚池、花房等，與過去二十五年的居住環境真是天壤之別。我們一家人經常去他們家，一去就是大半天，大伯也經常出現在我們家。他稱我的祖母壽夫人為「五姨」。我看得出大伯對這位五姨非常尊敬。大伯告訴我：「你的奶奶可不簡單，最得老帥喜歡，也最能和老帥說上話，大帥府裡上上下下都聽她的，接待外賓也得心應手，生你爸爸時，全府連慶數日。五爺可是個寶貝。老帥老來一連得四子，你奶奶真是大帥府的大紅人。」自幼我就常隨在祖母身邊，愛聽大人談話，祖母非常健談，記憶力又強，與大伯談及往事精彩有趣，他們聊天我一定靜坐在旁聆聽。

當時在台灣居住的親屬還有大伯稱「六姨」的馬夫人，育有一女，即我的六姑張懷敏女士，她一直在台灣從事教育工作。祖母和六奶奶感情很好，相處融洽，我們兩家是一起自天津到台灣的。

後來六叔張學浚從澳門，七叔張學英從香港與家人相繼來到台灣，所有親屬逢年過節或是慶祝生日皆是在大伯家歡度。每年除夕，三代親屬歡聚一堂，年夜飯後，由大伯、大媽率領全體晚輩向兩位老奶奶叩頭辭歲，一過十二點再叩頭拜年，接著放鞭炮。每年都是由大伯持燭點炮，一片歡樂聲中吃元寶（餃子）。這時每人手中一疊壓歲錢準備推牌九，先坐莊的一定是大伯，接著是我父親，好不熱鬧；其實說是推牌九，不如說是看大伯表演，他說，那是付了不少學費學來的。

其餘的親屬，有的留居大陸，有的還在美國，難得聯繫。大伯與鳳至大媽生的女兒閭瑛住舊金山，與夫婿陶鵬飛偶爾來台。長子閭珣未婚，自美搬至台灣，因健康問題，長期住在醫院，我們難得一見。次子閭玗一家人與鳳至大媽住在洛杉磯，從未來過台灣，見到他們，是我隨著母親至洛杉磯家中時，特意去拜見鳳至大媽的。大伯和一荻大媽（趙一荻小姐）生的兒子閭琳一家人住舊金山，常來台灣。大伯最高興的就是見到閭琳的兩個兒子：居信、居仰。

我於一九七〇年赴美國夏威夷攻讀旅遊業管理，經常接到大伯和大媽鼓勵的信。我寄了許多風景照片並向他們描述了當地優美的居住環境，由此他們對夏威夷的嚮往便在心中萌生。一九七六年我返回台灣工作時，祖母已安享天年過世，父母遷至夏威夷，兩位姊姊均留居國外，只有我一人住在台灣。工作之餘，經常去大伯家看望，我陪著他們郊遊、上館子、購物，每周日去教堂作禮拜及特定准許交往的朋友聚會等。

有一段時間，大姊閭蘅因事業關係在台灣住了幾年，他們一家的到來帶給大伯、大媽很多歡樂。這其中除了各人忙各人的事以外，我們總是歡聚在一起，最令我神怡的還是聽大伯追述往事，往事就是歷史，有嚴肅的、也有趣味的。最難得的是，幾十年裡，我從未聽過他有一聲怨言，總是笑聲洋溢，侃侃而談，其聲其景令我難忘。後讀他的日記，我的乳名「領弟」（父母希望我領個弟弟）不時出現其中，才恍然伯侄間原是如此的親暱接近。

一日大媽因骨折臥病在床，把我叫到床前，面色凝重地對我說：「領弟，你大伯和我都漸漸年紀大了，我們的子女不在身邊，我的身體不好，如果一旦我不在了，你是否願意好好照顧大伯？」說這最後幾個字時，她淚水湧出，哽咽著說不下去！我回答：「我當然願意，我不就在你們身邊嗎？」大媽接著說：「你大伯很喜歡你，今天對你的談話，是你大伯和我商量過的，雖然你和我們時常在一起，也最明白我們的生活情況，大伯的意思是讓你管理及處理我們的事，如果你願意，我們將會有許多事要交代給你，大伯和我都覺得你最合適，對你我們完全信任放心。如果你願意答應，我們也了卻一樁心事。」我的立即承諾，從此帶來了無限的牽掛。不知多少次，大媽一提到如果她先離世……總是淚流滿面，後來她體會到我愛大伯如同父親，逐漸流露出欣慰之情。

大媽常說：「一切都是上帝的安排。」一九九四年大伯、大媽選擇在夏威夷定居，我的父母已在該地居住多年，很順利地就將兄嫂的居住安頓妥善。當地的朋友熱烈地歡迎他們的到來，一連串的邀請聚會活動紛至沓來。大伯興致高，有請必樂意出席，這時為了大伯九十高齡的身體，大媽不得不執行她飽含關愛的「管束」。大伯稱大媽為「總司令」，從不抗命，大伯的風趣，常常引得大家開懷大笑。我一有假期就飛夏威夷，因大媽覺得在電話上交代我的事情不夠清楚，同時在台灣，我也忙於處理他們搬遷後的善後工作。

一九九五年九月，家父應邀赴北京參加慶祝抗戰勝利五十周年活動，臨行前，兄弟二人暢談此行的目的及意義，很是高興。孰料就在會議閉幕的當晚，家父不幸心肌梗塞，救治無效與世長辭。噩耗傳至夏威夷，大伯頓時驚呆了，昏花的老眼淚水盈盈，失去了在異鄉相依為命的弟弟，怎能讓他不心痛至極！父親過世，閻蘅大姊和我本可以將母親接到香港或台灣同住，便於奉養照顧，然大伯他們剛剛遷居夏威夷不久，母親怎能於此時搬離？於是，次年我決定辭去台灣待遇優厚的工作，遷居至夏威夷與母親作伴，同時也繼續執行對大伯、大媽的承諾。我們一家人與大伯、大媽朝夕共處在藍天綠海間，一同沐浴著清爽怡人的海風，他們的臉上時時漾著孩童般的微笑，愉悅中我卻有一絲隱痛：大媽曾患肺癌，割除了一片肺葉，時時離不開氧氣的補充，大伯四十餘歲時患嚴重眼疾，因居住深山中未能及時得到有效的治療，視力差到看人只是影子，打麻將全靠手感，一耳全聾，一耳微有聽力。多年來，大媽就是大伯的眼及耳，但一大聲說話，即喘不過氣來，非常辛苦。兩人以輪椅代步相依度日，對於來自各方難卻的盛情，無奈之下不得不卻。這也是讓盼望他們返故鄉的許許多多人最終失望和遺憾的原因。

「心有餘而力不足」，終讓大伯、大媽的鄉愁成了永遠的鄉愁。

回顧一九三六年西安事變後，大伯經過在浙江奉化，安徽黃山，江西萍鄉，湖南郴州、沅陵，貴陽修文縣、陽明洞、靈山麒麟洞、開陽縣、桐梓縣，重慶等地的輾轉遷徙和顛沛流離，於一九四六年十一月二日在不知情的情況下到了台灣，幽禁於新竹縣竹東鎮的井上溫泉，後於一九五七年十月遷至南部高雄西子灣，一九六〇年遷至台北近郊北投的安全局招待所，一年後遷入自建的房屋，直到一九九四年移居夏威夷，幽禁歲月超過了半個世紀，耗盡了他們一生最好的年華，懷想之餘，怎不令人唏噓！

在新竹井上溫泉與世隔絕的深山中，大伯與大媽互拍些照片寄給在美國的家屬，存在身邊的多是些底片。一九九〇年前後，發現這些底片均已受潮，大媽見這些黏在一起的底片囑我丟棄，我不捨得。閻蘅大姐認為他們二位這段時間的生活鮮為人知，而照片最為可貴，於是不計費用，經過很長時間，尋求高技術處理，幸得部分可展示給讀者。從這些殘存的照片中，可以看到他們當時居住的環境及歲月的痕跡。這是大伯、大媽在台灣早期幽禁期間最真實的紀錄與寫照。

今天能有此機會，回顧往事，訴之於筆，真是感慨萬千。這本書的起止年限為一九四六～一九六〇年。文字部分是依據大伯的記事簿、日記、信函及他們二位的口述，希望在讀者欣賞照片時，提供一些他們生活情況的背景資料。我與大伯、大媽有約，要讓世人更多地了解他們的真實情況。這僅僅是開始，我們將繼續整理他們留下的資料。

一　輾轉重慶　飛越海峽

自從說要搬家，將近一個月，昨日汽車才來。今晨四點廿分在小雨中由桐梓天門洞出發，約十點抵東溪午餐，下午約六點抵渝，住於松林坡（為戴的訓練處所）。在松林坡住了半個多月，有張嚴佛夫婦、李雲波夫婦、楊繼雲、許（徐）遠舉等人，常來寓所玩玩，並贈送食品。

——一九四六年十月十五日

今日遷移，但余始終不知去相（向）何處。早六點一刻，由重慶白市驛機場起飛，有李雲波、徐遠舉、郭處長等來送行。八點四十分抵武昌徐家柵機場加油，十二點一刻抵台北松山機場，余（始）知是到台灣。陳長官派周處長一鶚、劉縣長啟光、連謀、陳達元調查科長等在機場迎接，到陳達元寓所午餐，下午二點一刻由台北乘汽車動身，約五點半抵新竹，宿於招待所。

——一九四六年十一月二日

早九點許，由劉啟光縣長夫婦陪同乘汽車由新竹起程，約至下午一點許抵井上溫泉，余知此為余之新住所也。

——一九四六年十一月三日

十二月十五日

陳長官公俠來寓，談到國內、國際、歷史、中日各問題。彼對中日問題有深刻認識特殊見解，言到吉田松陰對日本尊王、吞華思想之提倡，伊藤博文，後繼新手滅華之陰謀。彼認為日本侵華思想一時難以消除，美國亦將上日本人的當。並言到廿年後中日恐就聯邦，但如中國人自己不自強，恐大部政權反落到日人之手，此段甚有記載留給後來之深思。午餐後再談了一談，始辭去。並贈給書以精華物不少。

卅四年　　　　月（桐梓）日　天门洞

二月六日

雨农来電嘱親筆致函張景惠鲍文越荣臻等十余人勸他们援助国军，因電碼有错悮和有几人别号余不能记忆，复電嘱再详電。

二月十九日

复戴雨农信附致張、臧、鲍、富、張、張、洪、王、刘、胡、米，劝助国军攻敌，并致TV一函，统交刘乙光派人送去。

三月十日

雨农来函言前十一信太重，携藏不便，附来白绢两丈，请将各信写在绢上。TV来信並附香烟。冠英大姐送来毛布一疋，香烟两条，水菓两箱。

1946 月 日

卅五年

桐梓，重慶

新竹。

卅四年　　　　月　　日

五月九日

报载希特勒、莫索里尼，皆已死，欧战结束，定五月八日为停战纪念日。

八月十一日

报载苏联已于八月九日对日宣战。八月六日美国对广岛投下原子弹。

八月十九日

日本天皇下令各地日军向联军投降，结束战事。

卅五年　（台湾）月　日

波徐远举、郭处长等来送行。八点四十分抵武昌徐家棚机场加油。十二点十五分抵台北松山机场，余初次到台湾。陈长官派周处长一鹤，刘县长启光、明廷、连谋良顺、陈达元，在机场迎接，到陈达元寓所午餐。下午二点一刻由台北乘汽车动身，约五点半时抵新竹，宿于招待所。

十一月三日

早九点许由刘县长启光夫妇陪同乘汽车由新竹起程，约在下午一点许抵井上温泉，余知此为余之新住所也。

十一月四日

刘乙光、刘启光去台北，余致陈长官公侠一函，交刘带去。

工廠的招待所午餐。遊桐南約十六公里處之紅花園,什麼也沒有,一个小村子。遊元田壩,風岩洞(在桐北約十五公里)風岩洞倒不壞。

十月十五日

自從說要搬家,將近一个月,昨日汽車才來。今晨四点廿分在小雨中由桐梓天门洞出發,約十点抵東溪午餐,下午約六点抵渝,住于松林坡(当时的训练处所)。

在松林坡住了半个多月,有張岩佛夫人,方雲後夫婦,楊繼雲,許遠舉等人,常來寓所玩了,並贈送食物。(追記)

十一月二日

今日遷移,但余始終不知去向何處。早六点一刻,由重庆白市驛飛机場起飛,有方雲

這是趙一荻1945年在貴州桐梓的照片，張學良一直將它帶在身邊。1945年抗戰勝利了，原本以為「管束」生活可以結束了。很快，他們又開始新一輪的遷移。

一九四六年，對於已被囚禁十年之久的張學良來說，真是不平靜的一年。八年抗戰終於勝利了，一九四五年八月，張學良聽說日本投降了，真是「初聞涕淚滿衣裳」，家仇國恨，終得雪恥，長夜難眠。此時似乎能看到恢復自由的一絲曙光。

新年伊始，張學良在日記中寫道：「前幾年的日記，每年的開頭統由九一八起，今年我又把它改回來了。九一八的問題雖然是有了結局，可是東北尚未得到自由解放。那塊土裡還是埋藏著大量的炸藥，不曉得哪一天它還是會爆發的。可是，不只是東北喲，中國全國還不是一樣嗎！」讓人幾分歡喜，幾分憂愁。

張學良的心情自然是不平靜的，作為軍人，他感到慚愧，沒能為抗戰出力，現在抗戰勝利了，他卻仍被關在貴州偏僻的「夜郎國」中，不知什麼時間才能離開。

在貴州關押期間，他的活動範圍僅限在兩三百公尺內，白天在劉乙光等人的「陪同」下，尚可到附近走走或垂釣，一到夜晚，便只能待在屋裡。囚禁地的內外圈，均是三步一崗、五步一哨的軍統特務把守著，不允許任何外人擅自闖入。這種孤寂的囚禁生活，唯一可以慰藉的是，當收到各種報刊雜誌，獲悉外界的各種消息時，焦急心情才會慢慢平靜下來。

一九四六年一月十日，國民政府在重慶召開了政治協商會議，中共代表周恩來等亦參加，並提出釋放西安事變中的張學良與楊虎城將軍。周恩來在小組會和大會上多次提出應立即釋放張學良、楊虎城將軍。他說：要是張、楊兩先生釋放了，西北與東北父老乃至全國人民，誰不歡欣……

這張照片是1947年5月莫德惠到井上溫泉時拍攝的。先是張學良與之合影，隨後，在同樣的位置，莫德惠為他們拍了這張照片。1947年「二二八事件」之後，莫德惠風塵僕僕送來了蔣夫人的問候函和家人信件。這也是張學良、趙一荻在台灣幽禁期間保存下來的幾張最初拍攝的照片之一。日式的建築、藤椅、藤桌、插花……面對友人，真不知該說些什麼，在台灣的幽禁生活剛剛開始……

這是莫德惠到台灣探親張學良。前一次是在貴州。1947 年 5 月，莫德惠在井上溫泉住了約一星期。貴州一別，一晃又是一年，老友重逢，別有一番滋味在心頭。莫德惠後來也遷居台灣，兩人始終保持著書信往來，逢年過節互贈禮品。雖同在台灣，卻極少有機會坐下、無拘無束地暢談。

這一提議得到了許多與會代表的贊同。

但蔣介石不以為然，不為所動。直到會議結束，僅釋放了葉挺、廖承志。張學良無法了解政治協商會議的內情，他只能將報上的報導剪下，存在日記本中，因為參加會議的人，有許多是他所熟悉的。他在日記中寫道：「政協完成，和平建國綱領甚好，但願不要只成功一篇好的文獻文章，但無論如何，中國總算有進步。」

當年，張學良與楊虎城發動西安事變，將蔣扣押，是否釋放蔣介石，是否要蔣介石簽字保證、畫押，各方爭執不下。最後蔣介石僅以「領袖」的口頭承諾作為擔保得以脫身。現在「和平建國綱領」雖好，有各方的簽字，但誰敢保證它不會成為「一紙空文」。後來形勢的發展，恰恰被張學良言中。

貴州的三月，陰冷潮濕。三月二十九日，張學良從報上獲悉，戴笠於十七日在南京因飛機失事被燒死。戴笠之死，對囚禁中的張學良、趙一荻來說，會有不大不小的震動。他們太熟悉這位執掌國民黨特務系統的「老闆」了。

西安事變時，戴笠亦被扣，但張學良並未太為難他。張學良送蔣介石回南京後遭扣押，實際上一直是交戴笠負責「嚴加管束」。囚禁期間，戴笠每年總要去探視一兩次，並順便帶些生活用品或食物、信函等。張學良在貴州桐梓囚禁地就是戴笠選定的。這是一個天然的山洞，原是國民黨兵工署下屬的兵工廠。戴笠巡視後，認為此地自然風景好，方便車輛進出，又方便警戒，方案報蔣介石批准後，就在兵工廠蓄水池附近蓋了一排房，將張學良與趙一荻從修文陽明洞遷來。戴笠每次來，總要陪張學良聊聊天，或四處看看，有時也會派人送信或送些罐頭、水果來。張學良寄出信函則由劉乙光帶出交戴笠轉呈，從兩人信件往來的稱呼上看，戴笠稱張學良時有「副司令賜鑒」、「漢公賜鑒」，而張學良的去信是稱「雨農兄」。大家都是客客氣氣。作為看管者，戴笠從生活上給予了張學良照顧，這其中也有蔣夫人、宋子文的關照。但戴笠不時也會「警告」張學良，來信「請勿書明現在之住址……以公之聲望與晚（戴笠信中均稱自己『晚　戴笠』）之處境不得不慎重將事耳……乞深居簡出，為國珍重」。蔣介石不想讓人知道張的秘密囚禁地。戴笠突然摔死，國民黨軍統局頓時亂成一鍋粥，連看守張學良的劉乙光一時也不知所措，一時間張學良與外界失去了聯繫。

很快，一九四六年四月十五日軍統派了李肖白處長陪東北元老、參政員莫德惠進山探視張學良，順便將積壓的信件一起帶來，在桐梓住了五天。這是得到蔣介石首肯的。面對一大堆信件，張學良看得「頭暈眼花」。這五天的時間，讓張學良百感交集，儘管每次與莫德惠交談，劉乙光總是「陪伴」著。聽到東北同鄉寄望的厚情，張學良「五內酸痛，真欲淚下」。「君自故鄉來，應知故鄉事」，白天與莫德惠聊天或一同垂釣，晚上暢敘至深之。直到行前才急急陳鋪素紙，一一回信。家信自當必回，同時給蔣介石、蔣夫人及一干老友一一回信，根據莫的提議還給何應欽、陳誠、徐永昌各書一函，莫德惠希望通過他們向蔣做些工作，爭取早日「解禁」。張學良在「給

從照片上可以看出這棟日式建築的樣式，較為寬敞的廊道，整個建築是木結構的，並與地面隔開。從貴州至重慶，又被送到台灣大山中，究竟還要被與世隔絕多久，從悲到喜到平靜，這種反差，正如衣著鮮麗的女主人與陳舊建築的對比，這一年趙一荻 36 歲。

這是張學良、趙一荻陪莫德惠在自己住處下方的球場打網球後拍攝的。這張照片後來在各種書刊上常能見到。照片沖洗後，張學良題款送了一張給莫德惠，而這張是張學良自己保存的。拍攝日期是 1947 年 5 月 16 日。左一為劉乙光，幾乎在所有照片中，他與張、趙一直保持著「距離」，且面無表情。

同鄉諸友一函未書上款」。囚禁中的張學良仍不願意自己為「同鄉」帶來麻煩。

莫德惠離去後，張學良在日記中這樣寫道：「我寫了許多的回信和家信交給他們帶去。因這幾天累了，追憶。」戴笠走了，莫德惠來了，這些信件發出去了，如果是「投石問路」，也該有些回應吧！

一九四六年九月二十一日，終於等到了音訊了。劉乙光跑來告之：「吾等有移地消息，彼將至渝請示一切。」劉乙光帶回的消息是，先到重慶等待安排。畢竟在這裡居了幾年，現在將要離去，得到「恩准」，在劉乙光及夫人陪同下「遊兵工廠的大山洞，再到招待（所）小飯，又遊紅花園（在桐南約十六公里），遊元田壩、峰岩洞（在桐北約十五公里）」。這時，張學良、趙一荻才對自己居住的周環境有了了解。

從知曉要到重慶去，張學良就開始整理行李，等了將近一個月。十月十四日幾輛汽車來了，大家七手八腳趕緊裝東西，隨行的看守們也希望早點離開這荒蕪人煙的大山。十月十五日，天濛濛亮，四點二十分由桐梓出發，一路顛簸，下午約六點半抵達重慶，「住渝郊外之松林坡（原為戴雨農所建）」。

松林坡公館——是抗戰期間中美合作為蔣介石修建的，實際上蔣介石一天也沒有待過。倒是戴笠常去小住，被人稱為「戴公館」。這是一排位居歌樂山半山林間的平房。四周原本就戒備森嚴。

沈醉在《軍統內幕》中提到，張學良到松林坡第一次進餐時，劉乙光全家都和沈醉等人一起

這是張學良在井上溫泉居住地的全景。門前是一條小溪，平日山泉清澈見底，人可涉水而過，遇大雨山洪，就只能從吊橋上行走。張學良與莫德惠在吊橋上合影。

陪他吃飯。劉乙光的兩個小孩子把吃剩的骨頭向地上吐，他看了連忙笑著說：「這樣不行，這不比過去我們住在鄉下……可不能再隨便向地下吐東西！」

張學良與趙一荻是秘密押解到重慶的，自然來探視相伴的都是原國民黨的軍統大特務（一九四六年十月一日軍統改為國防部保密局）。如張嚴佛（軍統辦事處主任）夫婦、李雲波（即李覺，時任中央訓練團分團主任）夫婦、徐遠舉（時任重慶綏靖公署二處處長、少將軍銜）等人，輪流做東，打牌、吃飯……

所有陪伴的人都清楚，蔣介石絕不會釋放張學良，也知道張學良與趙一荻下一處的囚禁地點在台灣，只是在等待安排專機等事宜。他們對張學良只是說正安排專機準備去南京，一旦安排妥當，立即動身。

離開貴州大山，來到重慶，按常理講，抗戰勝利了，十年的「管束」亦到期，應該沒有什麼理由再羈押了。張嚴佛等人「營造」的氣氛，讓一向喜歡熱鬧的張學良，臉上多了幾分笑意。

十一月一日，通知張學良、趙一荻次日動身，飛機已安排好了，這是張學良與趙一荻在重慶松林坡，也是他們在大陸的最後一個夜晚，此一去，永無歸期。

誰又能想到，一九四九年十月，此地，重慶松林坡公館又成了西安事變的另一位主角——楊虎城將軍的葬身之地。是巧合，還是有意安排？楊虎城也是從貴州被押往重慶，他一踏進室內，後面就傳來兒子拯中的慘叫聲，楊將軍急轉身去，特務的利刃便扎進腹腔……特務在掩埋時，還

張學良、莫德惠背後的牌子是「新竹縣警察局竹東區警察所清泉警察療養所」。這是張學良送別莫德惠時拍攝的。莫德惠從清泉下山，要先到竹東區和新竹縣，再乘火車到台北。此一別，何時再見？

在楊將軍的臉上淋上鏹水。這一幕，張學良很久以後才得知。

十一月二日，重慶白市驛機場，早六點一刻，李覺、徐遠舉、郭旭處長到機場送行。張學良在日記中寫道：「今日遷移，但余始終不知去向何處……八點四十抵武昌徐家柵機場加油。」一直到此時，也沒有人告知張學良飛行的目的地。如果再往東飛，就是南京。加油的飛機起飛後卻往南飛。「十二點十五分抵台北松山機場，余知是到台灣。」

「陳長官派周處長一鶚、劉縣長啟光、連謀、陳達元調查科長等在機場迎接，到陳達元寓所午餐。下午兩點一刻由台北乘汽車動身，約五點半抵新竹，宿於招待所。」

從日記中的記載可以看出，張學良、趙一荻是飛機落地後，才知道自己被送到了台灣，無奈憤懣之情，躍然紙上。一下了飛機，就登車到新竹。十一月三日上午九點，離開新竹，在劉啟光縣長夫婦陪同下，汽車沿山路東行，山路崎嶇，人煙漸稀。約在下午一點抵達井上溫泉。兩天的時間，張學良與趙一荻飛越了大半個中國，從行程安排看，幾乎是「馬不停蹄」，直奔事先安排好的目的地——井上溫泉。所有行動中的人都知道要去的地方，唯有張學良與趙一荻最後才被告知。從新竹到井上，汽車行駛近四個小時，如按每小時三十公里算，井上離新竹約有一百多公里。

「余知此為余之新住所也。」疲憊不堪的張學良、趙一荻環顧四周，只能無奈地接受這一「安排」。

在張學良住所前的台階上合影。站在最前的為劉乙光，中間右起為張學良、劉一荻、劉乙光夫人、莫德惠，後排右二為吳媽。圖片中的小孩均為劉乙光的兒女，餘為看守。1947年張學良、趙一荻被移至井上溫泉，與外界失去了聯繫。在井上溫泉，劉乙光是「少將」軍銜的「看守」，照相時，他總是顯出自己的地位「特殊」。

昨晚陳公俠派專人送來信一封，附蔣夫人信和糖兩包。

——一九四六年十二月五日

陳公俠來寓，談到國內國際歷史，中日各問題。彼對中日問題有深刻認識、特殊見解。

——一九四六年十二月十五日

二　陳儀造訪　感慨良多

1947　月　日

卅六年

新竹
井上溫泉

月　　　　日

十一月十一日

陈公侠派其参谋长柯远芬为之持手书来慰问，同来者有谢秘长懋法知勉，张宪兵团长慕陶安佛，刘乙光一同回来。

十一月十二日

致陈长官一函，谢其派人来慰问，并复其前次之两手书。

十二月五日

陈长官派专人送来信一封，内附蒋夫人函，并蒋夫人送来之糖菓两盒。

十二月七日

复蒋夫人信，送陈长官转去，交刘乙光带交陈处。

十二月十五日

卅六年一月三日

柯參謀長由之偕一友人名蔡繼琨來訪，宿一宵返台北。

一月六日

葛秘書長贊侯偕其次女葛允三來訪，午餐後辭去。

三月一日

劉乙光告知我，連日台北竹東民眾暴動襲擊衙署，專打外省人，在台為官吏者。我到台灣之第二日，已有此感覺，已見我所寫的這些初感，總是我了沒有先見之明。當局於不甚處，台灣問題，真不知道成什麼樣子。

三月五日

昨晚在沉悶空氣中，竹東忽來了一輛火車，送來了米、蔬菜之類不少人，這是怎麼一回事？起初一點不知道，後來劉隊長告訴了一些，但真情還不能知道，一直十分緊張，我也未能好睡。

井上溫泉的這棟平房，是日據時期由日本人設計建造的木板房。遠離塵囂，隱於青山綠水間，周圍散居著台灣山地原住民，即大陸稱為「高山族」的同胞。多年的遷徙生活，使張學良能夠很快地適應這一變化。收拾好房間，提筆寫了謝函，請劉乙光轉交台灣行政長官陳儀，表示謝意。陳儀派其參謀長柯遠芬前來慰問，同來的有旅長謝懋德、憲兵團長張慕陶等，交談中，張學良對接收後的台灣情況有了一些了解。

十二月十五日，陳儀專程到井上溫泉拜訪張學良、趙一荻。也就在前十天，張學良收到陳儀派人送來蔣夫人的一封信及兩盒糖果。這是張學良到台灣後收到蔣夫人的第一封信及禮品。陳儀的到訪帶有禮節性，給張學良留下了很深的印象。在張學良的囚禁歲月中，很難見到地方「封疆大吏」來探訪，國民黨的高官將領深知蔣介石對張的態度，誰願擔風險去冒犯蔣介石呢？

兩人交談的話題，大多圍繞中日關係。陳儀字公洽、公俠，早年留學日本習軍事，畢業於日本士官學校砲兵五期，曾任兵工署長，在福建省主席任內下令槍斃軍統特務張超，得罪了戴笠。後任重慶行政院秘書長，在重慶組織過台灣培訓班，抗戰勝利後，受命接收台灣，組建台灣行政長官公署。陳儀雖是官僚，但為人清正廉潔。他對接收治理台灣有一套想法，如接收後，不希望有太多的駐軍，僅靠警察維持。蔣介石曾褒獎他「顧大局」，使蔣有更多的兵力投入內戰中。但陳儀無法控制各大派系及利益集團在台灣的掠奪、貪污。「二二八事變」爆發，「風暴」迅速波及全島，蔣介石急調兵上島開槍鎮壓，陳儀「引咎辭職」。一九四八年陳儀被任命為浙江省主席，

彷彿在諦聽樹上的蟬鳴，大山之中兩人相依為伴，沉默無語……小路在延伸，寂寞中時光悄悄流淌。

夏日之井上溫泉，張學良於照片後面題寫了「二人站在花前」。驕陽之下，兩人表情各異，視線不同，諸多憂慮讓趙一荻悶悶不樂。

一九四九年因策動湯恩伯起義失敗，離職回上海被捕，先囚於浙江衢州，後押解台灣，一九五〇年被槍殺於台北松山機場附近。

張學良對陳儀講述的中日歷史之癥結以及未來之發展與擔憂，感慨良多。「彼對中日問題，有深刻認識，特殊見解。言到吉田松蔭對日本尊王、吞華思想之提倡，伊藤博文、後藤新平吞華之陰謀，被認為日本侵華思想一時難為消除，美國亦將上日本人的當。並言到三十年後中日恐成聯邦，但如中國人自己不自強，恐大部分政權反落到日人之手。」

張學良在十二月十五日的日記中，留下這麼一句：「此段甚有記載留給後來之必要。」三十年後，中日成為邦交國，但兩國間仍存有各種矛盾，張學良的日記，見證了陳儀當年的預言。「中國人要自強」，張學良在後來的日子裡，不斷地反省自己……。

斑駁的台階，浸透著歲月的痕跡。孤獨的身影相伴著無名的野花。這十六級台階，是來井上溫泉的客人們的合影之處。

羈身於孤島寂靜的山中院落，子女遠在海外，而對岸大陸的故國，內戰又起，風雲難測，張學良默默無語，似乎在等待著什麼……

遠處是懸掛的吊橋，近處是竹籬笆，山中小院，看著張學良擺弄相機，等待中的趙一荻露出了微笑，一絲苦澀的微笑。

樹蔭下的「趙一荻半身像」。儘管居住山中，操持「家務」，但趙一荻仍保持塗指甲油的習慣。

周圍茂密的樹木，在夏日中「瘋長」。而張學良對恢復「自由」的期望正慢慢枯萎……

從貴州的大山又轉到台灣的大山中。張學良在50年代似乎被人忘卻了，加之海峽兩岸的對峙，音訊全斷，「少帥」寂寞與沮喪的心情不難想像。

50年代的趙一荻，依舊風姿綽約。小貓怯生生地靠近，這是因為女主人不太喜歡小動物。背後是井上溫泉的小廣場。

「Edith（趙一荻）在大石頭上，憲兵崗亭背景」。張學良與趙一荻在井上溫泉活動的範圍是有限制的，未得到批准不准離開院子，即便是外出拍照也必須有憲兵的跟蹤「保護」。

行進中的張學良。似乎在檢閱自己的成果，那是一排排的豆角。

照片背景是張學良的「書房」，正當盛年的「少帥」，早已無緣戎馬生涯，多了一點「學者」的儒雅味。

劉乙光告知我，連日台北竹東民眾暴動，襲擊衙署，專打外省人在台為官者。我到台灣第二日，已有此感覺，已見我寫的蒞台初感，非是我事後有先見（之）明。當局如不善處，台灣問題，真不知道成什麼樣子。

——一九四七年三月一日

連日沉悶，昨晚來了一輛卡車，帶來米麵菜等。趙獻瑞也來了，一剎功（工）夫，寓中如臨大敵，我的窗前門外，全布有衛兵，並皆手持武器，這是怎麼一回事，請老劉過來，想問一問，他說有事，不來。又見他們焚燒文件，收拾行李，人員紛紛亂竄，有什麼事？為什麼不告述（訴）我哪！令人煩悶，三請老劉，仍不來，余到劉的屋去，看他們十分倉皇……

——一九四七年三月五日

今天他們又對我鬼鬼祟祟的樣子，一大早，劉太太就裝模作樣的（地）到處偷偷查看，一定是外間又有什麼風聲，我想不外乎那一套，想了一想，睡我的大覺去罷。

——一九四七年三月七日

連日聽劉隊長所講的對台變事，得知大概。真叫人痛心！貪官污吏造孽不小。台灣人這次舉動，可敬佩之處不少，然可批評之處亦不少。

——一九四七年三月十七日

莫先生整住了一星期，因為他這回來可以自由些，暢所欲言古今中外，政情和私人的事，無所不談，莫先生不但未老，而且健談的（得）很。我寫了二十餘封信交給他了。今晨九時惺惺相別，由劉專員乙光陪去台北。

——一九四七年五月十八日

三　山中困境　莫老情深

卅六年一月三日

柯參謀長偕一友人名蔡繼琨來訪，宿一宵返台北。

一月六日

葛秘書長贊侯偕其次女葛允三來訪，午餐後辭去。

三月一日

劉乙光告知我，連日台北、竹東民眾暴動襲擊衙署，專打外省人在台為官吏者。我到台灣之第二日，已有此感覺，已見我所寫的並告初戲，總是我們沒有先見之明。當同於不甚處，台灣問題，真不知道成什末樣子。

三月五日

昨晚查詢問聲氣中，竹東忽來了一輛卡車，並送來了米面菜蒜不少，這是怎末一回事，起初一直不知道，後來到隊長告知了一些，但真情還不能知道，一夜十分緊張，我也未能好睡。

三月七日

今天他们又附和鬼鬼祟祟的樣子、一大早刘太太就裝模作樣的到處偷偷的察看、一定是外間又有什末風声、我想也不外乎那一套、想了一想、睡我的大觉去罷。

三月八日

一早刘太太又偷偷的來了、假辭借煙、可笑！吃飯時老刘避而不見、我想想好生氣、我对他们以誠相向、並以善言導之，並又以婉言諷之，使其自觉，他还是那鬼祟小傢伙对我。後来再一想，这是他的職務。但是又一想，士可殺不可辱，他这種無禮貌的不誠实的舉動，真叫人可氣。就是外方对我有什麽圖謀，好好的告述我，使我自戒，説明他的苦衷。何必这樣鬼祟，拿我当傻瓜，可氣！想了一想，他們可憐，又可笑。後来細崽子来到我房子玩，我看見赤子天真，可虚

收拾行李，人员纷纷乱窜，有什么事为什么不告述我们哪，令人烦闷，三请弋刘，仍不来，余到刘的屋去，看他们十分仓皇，刘太太和孩子们都改换了衣服，问弋刘是什么一回事，他含浑回答，仅说竹东也出事了，把区公所烧了。

连日沉闷和鬼祟情形，使我十分不痛快。

三月十日

弋刘家来柯为之信一角，并告知情形的大略，我也对他表示，现在处境，利害相同，有什么事应该明白告述我。

四月八日

刘乙光告知彼擬去台北，致柯为之一函并还前借之日文书，交刘带去。

卅六年　　月　　日

一月三日

柯如之携一友人蔡继琨来寓，玩一宵而返。

一月六日

葛赞侯偕其次女葛允三来访，午餐就去。

三月一日

刘乙光告述我说，连日台北、新竹，台人暴动，专打内地人。

三月五日

连日沉闷，昨晚来了一辆卡车，带来米面菜等。赵霞瑞也来了，一刹功夫，寓中如临大敌，我的窗前门外，全佈有卫兵，并皆手持武器，这是怎末一回事，请老刘过来想问一问，他说有事不来，又见他们焚烧文件，

畢竟是軍人，原本指揮千軍萬馬，如今得以體悟農夫之辛苦。

一九四七年的「二二八事件」，使張學良、趙一荻原本「平靜」的山中生活，受到了不小的「衝擊」。

「二二八事件」的導火線，是台北專賣局緝私人員開槍打死煙販所引發的一場波及全島的暴動，但深層的因素是島內民眾不滿國民黨的統治。從一九四五年台灣民眾湧上街頭歡迎「國軍」，不到兩年時間，頻頻發生民眾襲擊「外省人」，張學良到台灣後，就有感覺，國民黨的官吏、軍人以勝利者、接收大員的身分中飽私囊，欺壓百姓，並將大批接收的物資運往中國大陸倒賣……民眾生活難以為繼。

暴動始於台北，很快向南蔓延，各地民眾紛紛襲擊衙署，毆打「外省人」。而台灣的大部分地區僅靠警察維持，陳儀已無法控制局面。

「隱居」於竹東山區的張學良，先是感到看守人員的異常神情，私下交頭接耳，焚燒文件，收拾行李。三月四日，從竹東來了一輛卡車，送來了米麵菜，同時井上溫泉的警備升級，窗前門外，全部是手持武器的衛兵把守。究竟發生了什麼事？張學良三次派人請劉乙光，想請他講講發生什麼情況，劉乙光不理睬。張學良只好到劉乙光的屋裡，一看，劉家人也在收拾東西，劉太太和孩子都換了衣服，做好隨時逃離的準備。問劉乙光這是怎麼回事？大家都在準備撤離，唯獨沒有人通知自己該做什麼準備。

劉乙光不耐煩地應付說：「竹東也出事了，他們把區公所燒了。」竹東離井上約三十多公里，

這張照片背面，張學良題有「Edith和我在屋前」。但兩人的合影並不多，張學良似乎不習慣面對鏡頭，他的視線總是側向一旁。

是井上到新竹、台北的必經之路。事態的嚴重性以及劉乙光的冷淡，張學良似乎從中嗅到了什麼……畢竟行伍出身，張學良後來對人講述這次經歷時說過，一旦到了最壞結果，他準備搶槍……

據說當時劉乙光已接到上峰密令，如有人衝擊或借「劫」張學良，就……在劉乙光與看守人員的眼中，平時可以客氣地對待「副座」，但危機來臨，他的職責不是保衛「副座」安全，而是不讓「人犯」活著出去。

張學良則認為，「利害相同，有什麼事應該明白告訴我」。看到劉乙光夫人不時找藉口來察言觀色，劉乙光則避而不見，見面連招呼也沒有了，張學良覺得這些人「可憐又可笑」，「就是外方對我有什麼圖謀，好好地告訴，使我自戒，說明他的苦衷。何必這樣鬼祟，拿我當傻瓜，可氣！」

兩人的地位、身分原本就不一樣，想法及處事方式自然不同，張學良所經歷的「風浪」多了，想想這是他們的職責，「也不外乎那一套」，生氣歸生氣，照樣睡大覺。這就是張學良的性格，處亂不驚，處變不慌。

但劉乙光在處置這次事件中的「無禮貌的不誠實的舉動」，深深地傷害了張學良。隨著「二二八事件」的平息，井上溫泉又漸漸恢復了平靜。張學良從劉乙光的講述中，才大致清楚當時山外的情形，張學良也坦率告之自己的意見，希望以後無論發生什麼事，不要隱瞞。可以想見，張學良提醒應注意的幾件事，劉乙光心裡肯定不痛快……

居家過日子，女主人總希望窗明几淨，使自己有一個整潔的環境。井上溫泉的住所，年久失修，難經風雨。張學良在日記中記載：「約在正午，暴風起，下午二三時左右，狂風暴雨，我們的住房到處漏雨，遷床搬東西，一夜未好睡。不知此次台灣災情如何？反正總是苦些小百姓。」

五月的井上溫泉，風和日麗，草木蔥鬱，一派生機勃勃。不時有客人來訪，為單調平靜的生活帶來了些許變化。讓張學良感到高興的是，莫德惠要來探視，自貴州一別，一晃一年過去了。五月十二日下午五點，莫德惠風塵僕僕地來到井上溫泉。老友再次相見，喜悅之情溢於言表。莫德惠又捎來了諸多朋友的書信及禮品。與貴州的幽禁處相比，這裡的風景也算不錯。但這裡生活條件更差了，舊式木板房中只有簡單的家具。冬天潮濕陰冷，夏日稍遇大雨，四處漏水，而台灣又是颱風的必經之地。井上溫泉與外界只有一條公路，路面損壞嚴重，如遭遇暴風雨，人車皆無法通行。

與莫德惠在貴州見面時，張學良與莫合影了幾張照片。後來莫德惠接受了大公報記者高學逵的採訪，發表了〈張學良的生活——莫德惠由黔歸來談〉一文，並配有張學良個人的照片及張、莫在河邊垂釣的照片。這篇訪談分別刊載在一九四六年重慶版（四月二十六日）與滬版（四月二十九日）的大公報上。張學良看到後，專門將兩張報紙剪貼，並在張、莫合影的照片之上，用毛筆小楷記下，「這是我同莫先生在貴州桐梓照的」。這一次，莫德惠在井上溫泉住了一星期，張學良興致勃勃地陪他四處走走，「政情和私人的事，無所不談」，兩人一起拍了好些照片。五月十八日，莫德惠動身離去，這一走，何時能再見？張學良又寫了二十餘封信託他轉交，並題簽他們在一起打網球後的照片及兩人坐在小桌旁聊天的照片。「網球作戰。於台灣井上溫泉，柳老紀念。毅庵，三十六（一九四七年）、五、十六。」這些照片後來都發表了，讓世人看到

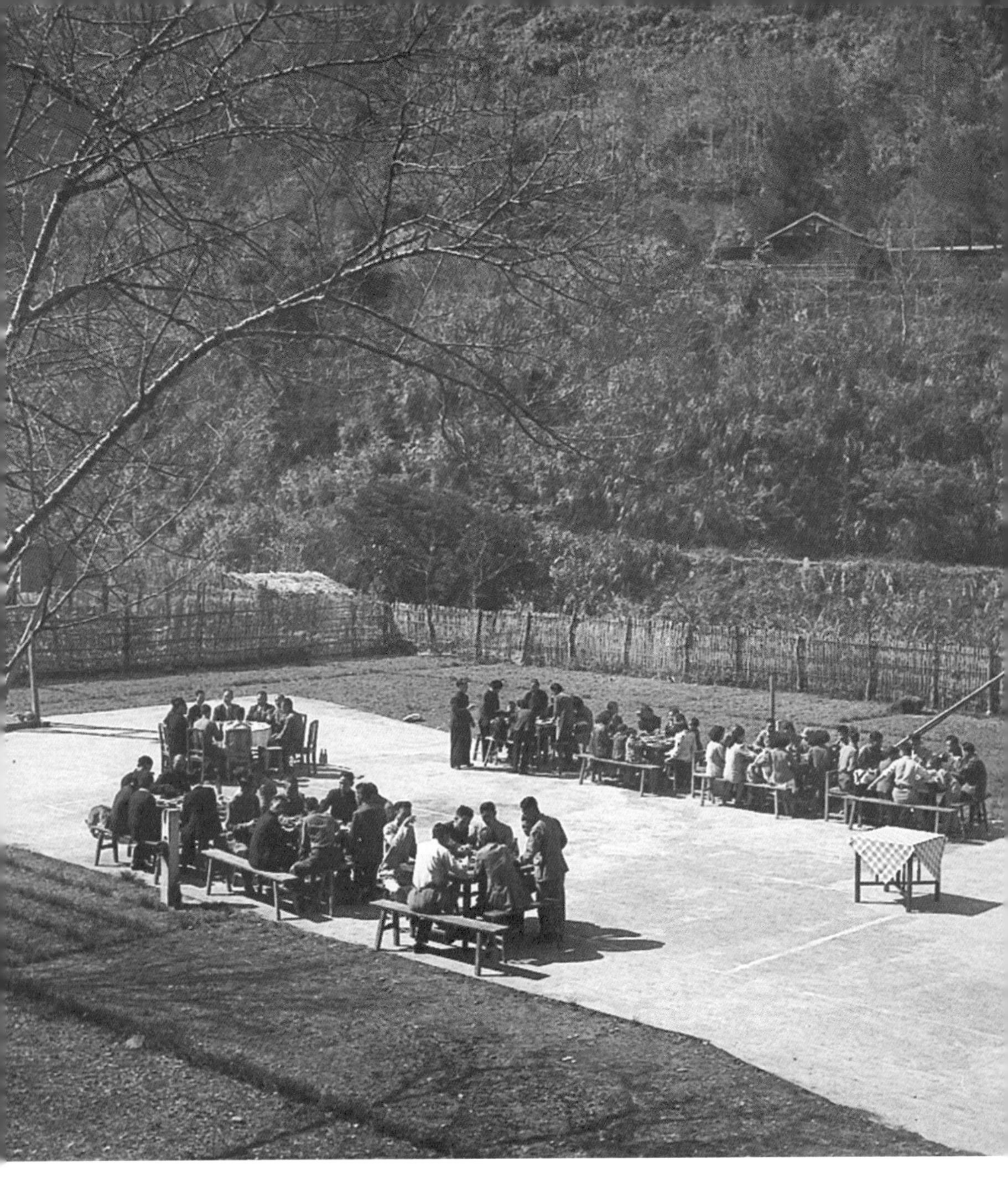

這是 1950 年井上溫泉難得的一次大聚餐。共擺了八桌，居中一桌，自然是劉乙光為首，還有張學良、趙一荻及隊副等人，女人與孩子占了兩桌。這塊場地的上方就是張學良、趙一荻的住所，張學良有時在此打網球，邊上有籃球架。趁大家剛入席，張學良在山坡上拍了這張「看守人員」大團聚的照片。性喜熱鬧的張學良，在這種場合，總會拿出朋友相贈的洋酒，讓大家「開開洋葷」。

一九四六年在貴州、一九四七年在台灣井上溫泉時張學良與趙一荻的影像，也讓人們看到了看守劉乙光的「真面目」。在囚禁地，劉乙光永遠是「最高長官」，直屬國防部保密局少將軍銜的「看守者」。

張學良有寫日記的習慣，在山中，只要收到外界的來信或有人來拜訪，他都會在日記中記下。有時也會寫四個字「無事可記」。日記中常有反省之言，如：「自覺還有一點優點：(1) 良心秉正，每遇大事，總是把國家和大家利害為思慮的主點，把自己的利害，置之度外。(2) 富貴不淫，威武不屈。否則早成為了滿洲土皇帝，因之上不愧天，俯不怍人。記之以備他日再自省時之參考。」

雖然在山中，趙一荻依舊按自己的習慣生活著。修指甲，塗指甲油，始終保持著一份女人愛美的天性。

昔日浮華已被歲月沖洗，一身素裝，揮鋤汗滴。在大山之中，種菜種花，既是生活所迫，也是休息怡情的需要。儘管鋤地的姿勢不太正確，只管耕耘，等待收穫。

趙一荻在餵雞。這些雞下的蛋，成為他們山中生活必不可少的「營養品」。

想當年，統帥大軍 ，令行禁止，征戰不休，如今成了「雞鴨司令」，甚至連公雞也不聽「主人」的召喚，主人想摸一下的機會也不給。這些雞鴨也成了張學良「饋贈」他人的禮物，如託人送宋美齡、毛人鳳以表示謝意。

摘朵小花裝扮自己，讓平淡的生活增添些許亮麗的色彩。張學良、趙一荻在小院中種了許多花草。

張文白攜同張太太、長女公子（周太太）、長公子（張一真）、長媳（錢玫）、弟（張文心）、劉仲荻、張團長等十餘人，來寓探視，披瀝暢談一切，午飯後又再小談，珍重相別而去。

——一九四七年十月三十日

張嚴佛在此間數日，無所不談，今日離去返京，余書上蔣夫人函，覆鄭介民信，另函張岳軍、莫柳忱，統交彼帶去。

——一九四七年十一月十一日

四　兩張匯報　寬嚴皆到

之意。在寓午飯，臨行又談，別去。

十一月六日

張岳軍來函，並附食品，即復函謝。魏伯聰鄭毓秀隨張之物品，亦送有禮品四色。

十一月十一日

張岩佛在此間數日，無所不談，今日離去返京。余書上蔣夫人函，復鄭介民信，另函張岳軍莫柳忱，統交彼帶去。

十一月十五日

魏思主席派人送來，莫柳忱託他帶來的，宗理送來英文刊物多本，王崇武贈書兩部。

十一月廿日

張劍返寓，轉示王人鳳電言館須緩遷移，又交到張岩佛信一件。

卅六年　　　月　　　日

蒋夫人来函并附食品多种，另家中带来药品四色。余立作复，交原差带回。

十月六日

Aileen来信并附钢笔鞋袜等，系由高雄黄市长仲宪丢封来的，即复函交原人持。

十月十九日

張嚴佛来持有鄭介民信並礼品，言来此将小住，暂代刘副官刘请假，並言将迁居江西。

十月廿日

刘副官来刘明远信一件及赠图章三方，並请作书一轴，以留纪念。余照书交刘。

十月卅日

張文伯携同家人来访，大为畅谈，言此地甚好，为什么要迁，余答甚愿住此，没有要迁移

卅七年　　　　月　　日

一月十日

老刘由台北返，交来 蒋夫人莫柳忱信各一封；另有陶蟻信一封，蒋夫人送的聖誕蛋糕一塊，柳忱赠人参一枝，毛人凤贈衣料丝棉。老刘对我说，他曾去南京，曾见过 蒋先生蒋夫人和柳忱等。

一月十九日

老刘交来张岳军信並附前托购书物一箱。夜间将复 蒋夫人函（附密信），复毛人凤等信，及复张信，统交老刘，以便交南京来的送东西的人带回。

一月廿一日

老刘交来该局公函一件，附陈旭東由瀋阳寄来财产委员会信一件並流通券三百万。

卅年十月十四

一月一日　星期四（元旦）　氣候　晴　溫度　48　地點　井上溫泉　民國二十七年

提要

大众那塊　冰天雪地
我這裡　風暖花開
大众那塊　饑寒交迫
我這裡　豐衣足食
大众那塊　炮火連天
我這裡　悠然高臥
兩相對照　心情交織
我也不知　是悲是喜
來一首　可以臭倒墻的詩
權當作我的新正試筆

井上溫泉遠離城鎮，山居生活，引來泉水，開荒種地，種上幾畦菜，貼補「家用」。但張學良的裝扮怎麼看也像一位「教授」在傳授種菜「體會」。

一九四七年十月，有兩位客人前來探訪。張學良的日記中有記錄的，一位是張嚴佛，一位是張治中。張嚴佛是奉命前來的，十月十九日，張持時任國防部第二廳廳長、保密局局長鄭介民的親筆信到井上溫泉，總是在此小住一段，暫時代替劉乙光。從張嚴佛後來的回憶錄中，可以看到張學良諸多的牢騷與不滿，包括多年的積怨與兩家日常的摩擦。實際上，張學良的不滿與怨氣更多是針對「二二八事件」中劉乙光的態度與作法，完全是把他當作「人犯」來對待，那種冷漠與職業的面孔。當時張學良很是生氣，卻又只能自己化解。張嚴佛的到來，劉乙光休長假了，這些牢騷話，加深了張嚴佛原本聽說張、劉矛盾很大的印象。張學良久居山中，無可聊天之人，亦會口無遮攔。他們在一起談往事，談明史，談歷史人物，有時也會涉及時政。正如張學良在日記中說：「在此間數日，無所不為。」張嚴佛在十一月十一日離開井上溫泉。

在此期間，十月三十日，井上溫泉突然來了幾位客人，即張治中（字文白）與妻兒。張治中的探訪完全是偶然的，時任西北行轅主任的張治中到台灣休假，聽說張學良幽禁於新竹，便找到自己的學生，台灣警備司令彭孟緝，提出要求。彭孟緝未接到「上峰」通知，不敢答應，張治中「一切責任由我負，不會連累你」，才獲同意安排進山。

張治中的突然到訪，張學良是很高興的，早早就迎候在門前。距一九三八年湘西沅陵相見已有九年。張嚴佛藉故躲開了，趙一荻則帶著張治中的家眷，沿小路上山遊玩，留下張治中、張學良兩人聊天，話題自然離不開「恢復自由」之事。張治中在回憶中談到，張學良表示「他恢復自

讀書累了，張學良就會到自己種的菜地看看「是否長蟲了？」「是否需要上肥了？」井上溫泉吃菜要到幾十公里外的竹東區購買，這幾畦菜地長得好不好自然會讓張學良牽掛。

由以後，哪裡也不去，蔣住哪裡，他就住哪裡，也不一定做事情，可以先觀察他一個時期以後再說」。「自由」對於張學良來說，實在是太渴望了，他已經沒有別的任何要求了。雖然在井上，在日常生活中有小範圍的空間，可以到屋外或周圍散步、打球，但不能跨出警戒的圈子。他希望張治中能向蔣、宋轉達他的請求。

兩家人在一起吃個中飯，飯後接著聊，談時政，談家事，談四弟張學思，也談及與劉乙光及其家人住在一起頗多不便之處等等。張治中一家下午四點必須趕回新竹乘火車回台北，行前兩人拍了照，張學良寫了一首詩相贈：

總府遠來義氣深，山居何敢動佳賓。

不堪酒賤酬知已，唯有清茗對此心。

話別之時，相對黯然，「我們這一分別，不知何年何日能再見面」！張學良嘆息，張治中後來一想到此景：「我當時心裡真是難過得很。」

張治中一家在井上溫泉僅待了一天。張學良的詩後來發表在滬版大公報上，但兩人的合影有可能是張治中攜帶的相機拍攝的。這也是張學良在台囚禁期間為數不多的幾張在中國大陸發表的照片。

張嚴佛、張治中回到南京後，各自通過不同的渠道，將張學良的情況向「上峰」匯報。張嚴佛將在台期間與張的談話及張學良的信報告了鄭介民，並由鄭特報蔣介石。而張治中則直接見了

背景的建築，是張學良、趙一荻及看守們洗浴的地方，引來的泉水，自己燒柴加熱後，方得以沐浴。

「Edith 花園戴帽全身像」。嬌艷的美人蕉映襯著年輕的趙一荻，也許就是這一刻，讓趙一荻和張學良感悟到了人生的愉悅。

閒來看山景，往事如煙，山河依舊，故鄉難歸。

「大丈夫頂天立地」，這是張學良經常掛在嘴邊的一句話。

蔣介石，轉達了張希望恢復自由的請求，蔣聽後顯示出不高興的神態，談話無法進行。張治中只好去見蔣夫人，告之張學良的情況及請求。

「文白兄，我們對不起張漢卿！」這句話深深地印在張治中的腦海裡。宋美齡認為「恢復自由」不容易做到，「恐怕現在不可能得到許可」。但改善張學良的生活條件「我一定想辦法做到」。

張治中也許沒有想到，他去南京，見了蔣介石、宋美齡，兩人的反應各異，給幽禁台灣的張學良帶來兩個變化。蔣介石非常生氣，並把劉乙光找去，態度嚴厲：「以後非經我批准，任何人不許去見張學良！」從一九四八年開始，對張學良的「管束」更加嚴密，在後來很長一段時間，外界再無任何張學良與趙一荻的音訊。也無人再敢未經批准前去探訪。同時宋美齡也將劉乙光召去，詢問了張學良的近況，要求對張、趙的生活給予更多的關照。

一九四八年一月十日，劉乙光台北返井上溫泉，給張學良帶回了蔣夫人、莫德惠的信件及家人閭瑛來信，還帶回了蔣夫人送的聖誕蛋糕一塊。原先計畫遷往江西的準備也放棄了。雖說聖誕節早過了，但蔣夫人的關照到了。張學良在日記中寫道：「老劉對我講，他曾去南京，曾見過蔣先生、蔣夫人和柳忱等。」劉乙光是否告之實情，不得而知。但他要繼續扮演這個角色，捏拿好箇中的分寸，也真勞神費心思。難怪他的臉上很少能有笑容，總是給人憂心忡忡的神態。因為劉乙光講述了見蔣及夫人的經過，晚上張學良怎麼也睡不著，躺在床上，想了一副對聯：「愛護相殷，關切之深；主見之分，國事之爭。」

喜好打扮是每個女人的天性，即使在大山之中，也不例外。台灣山地原住民獨特的裝束，讓趙一荻也刻意當了一回「模特兒」，成了「赤腳大仙」。

這是張學良為所有看管他及趙一荻的「隨從」拍的合影，攝於井上溫泉附近。這裡山高林密，看守眾多，可謂插翅難飛。劉乙光與家人永遠是處於居中或前排的位置，前排為劉乙光的兒女，趙一荻（穿格子上衣）與吳媽站立在劉乙光左右。

劉乙光由台北返，交來蔣夫人函一件、毛人鳳函一件並附書籍物品等，派來一位周念行先生為研究明史者。

——一九四八年五月九日

早六點出發，下著小雨，但不因為恐怕下雨，就不去了……這竹東到北埔途中，雨又大了一點，可不算大雨，快到獅頭山，天要晴，到獅頭山腳下，雨完全駐（住）了。在勸化堂素餐甚快。遊獅岩洞，約登兩千（級）台階，開善寺佛殿甚大。回來經過香山海濱，快哉！

——一九四八年十月三十日

見報載蔣總統於廿一日引退，去奉化。

——一九四九年一月三十三日

老劉交閱廿三日申報載，政府明令，余及楊虎城，恢復自由，並告余些別的事。

——一九四九年一月廿五日

老劉由台北返，言余事又有變化，我等即將遷移，但未言何處去。

——一九四九年二月一日

夜三點由井上出發，十一點（因候天氣）由新竹飛機場乘機起飛，十二點十分抵岡山，再乘汽車至壽山要塞兵舍中。

——一九四九年二月二日

五　總統下野　張趙南遷

七月廿六日

毛人凤来信附前托所购之物。即复信谢。

八月三日

老刘语我说周先生返台与否，毛先生未决定，我最好给毛一函表示催周返。余照意给毛一函。

十月十八日

同周念行，刘氏夫妇，Edith游五指山。

十月廿日

闻陈辞修在草山养病，书一函慰问。

十月卅日

同周念行，刘氏一家，Edith游狮头山。

十一月十六日

老刘由台北返，带来刘砥光问候信附呢绒一帽并干一盒。又言彼见到陈次修信已交到。

卅七年

月　　日

弋刘由台北返来，同来了一位周念行(侨派来伴读者)。蒋夫人毛人凤各有一信并赠物等。

五月十一日

張岩佛來，另附陈旭東封來七弟夫婦和六妹相片各一張，張岩佛贈詩二首。

五月十二日

复蒋夫人毛人凤函，并託人购物单。

六月廿四日

弋刘由台北带来眼科大夫邱林渊，牙科邵水，眼科助手杜金胡，治牙配眼镜。

六月廿九日

戴少侠託姚彌臣帶來鹽魚三斤，斤头三种。

七月六日

夜间大飓風，河水大涨，把桥冲去了。

提要

寫錯了，這是六日的事。

約在正午，暴風起，下午二三時左右，狂風暴雨，至夜中二三時風息，但小雨未停。溪水大漲，本地人說廿年來所未有，將橋梁，下邊兩個澤塘房子，全沖壞了。我們的住房，到處漏雨，中夜起來，遷床搬東西，一夜未好睡。不知此次台灣災情如何？反正總是苦了小百姓。

商務印書館寄到前所購書一批。

七月五日 星期一 氣候 晴 溫度 84 地點 井

民國三十七年

十月三十日　星期六　氣候　陰，小雨，晴　溫度　地點　遊獅头山　民國二十七年

提要

早上六点出发，下着小雨，但不因为恐怕下雨，就不去了。可是雨一阵大一点，可是远看见有一二块兰天，又一时子，黑云墨布，雨也又大一点，过竹东到北埔途中，雨又大了一点，可不算大雨，快到獅头山，天要晴，到獅头山脚下，雨完全晴了。在劝化堂素餐，甚快，遊獅山岩洞，约登二千石階，開善寺佛殿甚大。回來經过香山海濱，快哉！！！

路程：井上—竹東—北埔—獅头山下。回來獅头山下—頭份—香山—新竹—竹東—井上。去用約四点钟，回來約四個半钟头。下午七点到家。共用了十三個钟头。

1949 月 日

卅八年

新竹，

高雄

提要

二月一日　星期二　氣候 晴　溫度 54　地點 井上　民國三十八年

弋刈由台北返回，告說釋放又起變化，余等今晚即遷移，但未說去處。

提要

二月二日　星期三　氣候　溫度　地點 途中　民國三十八年

在三點由井上出發，十一點（因等天氣）由新竹乘飛機十二點十分抵岡山机場，再坐一点一鐘汽車，抵高雄要塞，住壽山要塞中

「Edith和我」。這張合影，張學良是比較滿意的。少帥「豪氣」不減當年。「雄渾」與「婉約」相依相襯。四周的籬笆卻讓人感到壓抑，一種「籠中鳥」的無奈。

一九四八年到一九四九年，正是國共兩黨大決戰的關頭，人民解放軍轉入反攻，在東北、中原、西北、山東相繼殲滅國民黨的有生力量，緊接著又發動了遼瀋、平津、淮海三大戰役，國民黨的百萬大軍土崩瓦解，節節敗退，從東北退到華北，再退到長江沿線，並做好退守台灣的準備。大戰之際，蔣介石自是無暇顧及張學良了，前線吃緊，他不時飛抵各地督戰。內部各派爭權日盛，一九四八年四月召開的「國大」，蔣介石當選總統，李宗仁則以一千四百三十八票擊敗孫科當選副總統。這結局對蔣來說是很不舒服的。

內地戰火紛飛與台灣的風和日麗形成鮮明的對比。

此時，幽禁於井上的張學良、趙一荻僅能從報紙雜誌或友人、家人的來信中，得到一點消息。也許是蔣夫人的關照，對張學良的「管束」採取了「外緊內鬆」，劉乙光及夫人、張學良、趙一荻不時可以一同驅車到井上溫泉周邊遊玩，如驅車五指山（海拔一千零六十一公尺），讓夫人們在上坪宋家等待，劉與張登山觀景，有時也集體外出野餐。一九四八年五月，劉乙光從台北歸來，還帶來一位「陪讀者」即周念行，這也是蔣夫人挑選並派來的，周念行是研究明史的專家。

一九四八年七月，張學良第一次體驗到「颱風」的猛烈。七月六日，來自太平洋的颱風在台灣登陸，「約在正午，暴風起，下午二三時左右。狂風暴雨，至夜中二三時風息，但小雨未停。溪水大漲，本地人說二十年所未有，將橋梁下邊兩個澡塘（堂）房子，全沖壞了」。井上溫泉的房屋都是破舊的木板房，屋內到處漏雨，「中夜起來，遷床搬東西」。這天晚上，張學良、趙一

1949年1月，張學良見報載「蔣總統於21日引退，去奉化」。並從申報上得知：「政府明令，余及楊虎城，恢復自由……」2月1日，劉乙光告之「即將遷移，但未言何處去」。2月2日，「夜三點由井上出發，11點（因為天氣）由新竹飛機場乘機起飛，12點10分抵岡山，再乘汽車至高雄要塞，住於壽山要塞兵舍中。」因害怕外界知道張學良的住處，張被緊急轉往高雄。這是他們在住所前的合影。

荻一夜未眠。晨起，看到暴風雨帶來的破壞，不禁感嘆：「不知此次台灣災情如何？反正總是苦些小百姓。」

山居期間，看病不方便，劉乙光從台北帶來眼科、牙科大夫，為張學良、趙一荻治牙配眼鏡。張學良需要的一些日常用品也會列出清單，請劉乙光託人去買。

劉乙光與張學良的關係也漸有緩和，劉乙光的孩子大了，便託張學良給時台灣省主席魏道明寫信推薦，「謀一掛名，以增家用」。

一九四八年年底，國民黨統治區的經濟瀕於崩潰，金圓券貶值，物價飛漲，軍事上也一敗塗地，宋美齡決定隻身赴美遊說，爭取杜魯門的支持。張學良聽說後，寫了一封給原配于鳳至的信，託毛人鳳轉蔣夫人帶去。

一九四九年一月廿三日，張學良讀報時，看到了一月廿一日蔣介石宣布下野的聲明：「……本人因故不能視事……決定身先引退，由副總統李宗仁代行總統職權。」蔣介石是在內有白崇禧、李宗仁相脅，外有美國人不支持，內外夾擊下，宣布「引退」並返回浙江奉化溪口。遠親不如近鄰上看蔣介石躲在家鄉，實際上依舊操縱並遙控著大小事務，如長江布防，企圖以長江天險阻攔解放軍的進攻，安排蔣經國到台灣。這一時期，國民黨軍政要員絡繹不絕於溪口途中。

李宗仁任代總統，立即安排與中共和談，並發表了八項主張，其中有「釋放政治犯」，提出恢復張、楊自由。此時，國民政府已失去「半壁江山」。

由於轉移倉促，臨時住所潮濕破舊，直到5月7日才「搬到要塞中新修理的樓居住」。

一月廿五日，劉乙光給了張學良一張申報，張學良在日記中寫：「廿三日申報載，政府明令，余及楊虎城，恢復自由。」寥寥數字，無悲無喜，抗戰勝利之時蔣介石「威望」如日中天，尚不得釋放，如今敗走「麥城」，此令有效嗎？劉乙光第二天趕赴台北請示，幾天後託人給張學良捎來一信言「大體已定，只等飛機」。到二月一日，劉乙光返回井上，說事情又有變化，馬上搬遷轉移，「仍未告之去何處」。

二月二日，夜裡三點從井上出發，趕到新竹飛機場，因天氣惡劣，直到十一點才起飛，十二點十分抵岡山鎮機場，機場已有軍用汽車等候，下了飛機就直奔高雄要塞，秘密將張學良、趙一荻藏於要塞的兵舍中。為何要連夜緊急遷移？據一些軍統（保密局）特務回憶：當時李宗仁代總統要求「恢復張、楊自由」。保密局毛人鳳藉口不知「張、楊」在何處，推托不辦。儘管各界呼聲高，具體事沒有「蔣先生」點頭，自由無人去落實，一拖再拖，遂成一紙空文。而張學良、趙一荻被囚禁於台灣井上溫泉已被外界知曉，為「安全」故，將張學良與趙一荻緊急轉移高雄，與外界隔絕。

一九四九年四月，人民解放軍跨過長江，占領南京，總統府頂上的青天白日旗落地。

一九四九年十月，中華人民共和國成立，蔣介石退守台灣。一九五〇年，朝鮮戰爭爆發……

自此，海峽兩岸形成對峙，來往斷絕。在數十年間，張學良、趙一荻的音訊如石沉大海。

趙一荻在壽山兵舍廊前。

吳媽一直跟隨照料著張學良、趙一荻的生活，雖不是親人，卻勝似親人。

研究明史，是張學良幽禁期間的一大「收穫」，他不時託人買書，列出書單讓家人請毛人鳳幫助購買。宋美齡知曉後，專門請了一位明史專家到山裡來「伴讀」。青燈古卷，讀史知興替。

「Edith 使用縫紉機」。本是大家閨秀的趙一荻亦能熟練使用縫紉機，自己動手，縫製衣被，抵禦山中的寒冷。張治中攜女兒赴井上溫泉，其女兒歸來後說：「趙一荻的衣服大部分是自己做的。」

「Edith站在清泉橋上」。趙一荻身體一直不太好，害怕走上高高的吊橋。這一次，也許是在張學良的鼓勵下，戰戰兢兢地走到橋邊，緊緊抓著吊線，才拍了這張照片。

在井上溫泉，除了看守，無人能陪張學良聊天、坐論古今。讀書之餘的散步，其神情也總是一副「沉思」狀，胸中塊壘，無法排遣。

在井上溫泉，只要出去遊玩，張學良總是跑前跑後，充當攝影師，為趙一荻和大家留影，這張照片，則是難得坐下來陪著趙一荻吃幾口飯，張學良一邊吃飯一邊聽講，他的頭髮幾乎全禿了……

老劉返來（十二日未告之離去），語余彼曾去滬，上峰已准允照常閱報，（遷居以後，未得看報），帶來報紙多份，知道事情不少。柳忱在台。

——一九四九年二月廿一日

高雄碼頭發生大爆炸。

——一九四九年八月廿三日

老劉返來，交毛人鳳信，言夫人之函即為呈上，又言因空襲關係，吾等仍遷回井上。老劉說定於廿七日乘火車離高雄。

——一九五〇年一月廿五日

六　重兵看守　屈居兵舍

（寿山） 月 日

二月二日

夜三点由井上出發，十一点（因候天氣）由新竹飞机场乘机起飞，十二点十分抵岡山，再乘汽車至高雄要塞，住于寿山要塞兵舍中。

二月廿一日

弋刘返来（十二日未告知前往去），語余彼曾去沪上，峰已准允照常閱报，（迁居以后，未得看报）帶来报紙多份，知道事情不少。柳悦在台。

二月廿五日

弋刘請要塞司令吕國楨夫婦同餐。吕司令送贈好些食品，價值约台幣百万元。

三月廿日

弋刘交来六妹懷敏、六姨母信一件，並附台幣五百万（我換了美金卅八元，金子五錢，用4,63,0000）。

卅八年　　月　　日

一月十三日

宪兵第四团曾团长佑民来寓访问。

一月廿三日

见报载 蒋总统于廿一日引退，去奉化。

一月廿五日

戈刘交阅廿三日申报载政府明令，余及杨虎城恢复自由，并告余些别的事。

一月廿六日

戈刘去台北。

一月卅一日

戈刘带来一函，言"大体已定，只等飞机"。

二月一日

戈刘由台北返，言余事又有变化，我等即将迁移，但未言何处去。

月　　日

了一番，並託他說與蔣經國我想會一會。

六月十八日

戈刘由台北返來，对我谈到他將去見蔣先和蔣經國，並說到Edmund治牙事。下午戈刘告知他見过蔣先生和經國，並把大概的情形談了一談，又言蔣經國对我意思很好。

六月廿四日

Edmund開始外出治牙。

六月廿七日

王崇五送贈粉食一斤。

六月卅日

下午同周先生Edmund、戈刘，登壽山頂远眺。

七月卅一日

戈刘請新任洪司令夫婦和前司令馬氏夫婦便飯。

王奇

卅八年　　　　　　　　　　　　　月　　　日

寬六妹函，(附信人為吳安之，江都人，東北軍營長)。

四月廿五日

戈刘交来纸箱两个，说T.V.来台时託陈主席帶來的，内係為託朱太太所購之書及衣物等。

五月七日

搬到东要塞中新修理之楼房居住。

五月廿八日

戈刘由台北返，带来图章書籍等，另有王廷午画扇一把，史炳资之渠米一包附词一首，Ed做的家人信二件。又告知 蒋先生现在住东要塞裡。

六月一日(端午)

戈刘请总司令晚餐。飯间散步，戈刘忽提起，应趁此时机蒋先生在此，可以把问题结決一下，他想去看蒋經國。我把我的意见也表示

1950 月 日

卅九年

高雄

新竹

卅八年　月　日

八月廿三日

高雄码头发生大爆炸。

十月十五日

周先生出示国民党改造案一份，叫我发表意见，说是出于上峰之意。

十一月六日

代刘计方请刘市长夫妇和洪司令夫妇晚餐。

十一月十二日

洪司令刘市长夫妇请余与小姚刘氏夫妇周先生在西子湾洪宅晚餐，同席有一郑副司令。

張學良是從報紙上得知李宗仁上台後要「釋放張、楊」的消息。秘密轉移後，不讓看報，他在日記中寫道：「上峰已准允照常閱報（遷居以後，未得看報）。」由於走得倉促，井上的書未及搬來。這段時間，張學良無書報可讀，只能爬山，「登壽山頂遠眺」。

原本一直囚禁在大山之中的張學良、趙一荻，一夜之間被轉移到台南高雄的海邊。壽山位於高雄的西北角，扼守著台南大港——高雄港，因其位置特殊，是進出台灣的「南大門」，一直由國民黨軍重兵把守。由於走得倉促，張學良、趙一荻基本上什麼也沒帶，幾乎是兩手空空，要塞司令呂國楨等人聞訊前來，設宴招待並相贈了好些食品。直到一九四九年五月，才將要塞中一棟舊房，修理粉刷後，讓張學良、趙一荻從臨時的兵舍中搬入「新居」。

兵舍四周警備森嚴，唯有海邊風景讓久居山中的張學良頓覺眼界開闊，但張學良與趙一荻只能在有限範圍走走或拍照玩。最初，井上溫泉的生活用品及書籍未運到，劉乙光又交代，不允許看報，害怕張學良知道外界的情況。這更讓張學良整日無所事事，無書可讀，無報可看……劉乙光將張學良、趙一荻轉移到高雄之後，悄悄到上海向「上峰」匯報，回來後裝模作樣告之「上峰已准允照常讀報」。

景致宜人，張學良依舊悶悶不樂，經過這次由「釋放」到緊急「轉移」，張學良似乎看到了自己的「前途」，恢復自由，遙遙無期。

六月一日，劉乙光故作神秘狀，說「應趁此時蔣先生在此，可以把問題解決一下，他想去看蔣經國」。也就是說蔣介石已到了台灣。張學良請他見到蔣經國，告之「我想會一會」蔣介石。張學良在日記中寫道：「我把我的意見表示一番；一、蔣先生也為難。二、我向何處去？三、只有陪從。四、託經國一見。」無奈沮喪之情溢於筆端。

經過這次秘密轉移，張學良似乎已明白，恢復「自由」是不太可能了，無奈和沮喪都寫在了臉上。

趙一荻在壽山兵舍廊前。

此時蔣介石失去了「大好河山」，退守小島，正忙著布置台灣島的防衛，安頓那些一同遷台的大小官吏，哪有工夫見張學良。六月十八日，劉乙光從台北歸來，告知張學良，他已見過蔣先生和蔣經國，並把大概的情形談了一談，說「蔣經國對我（張學良）意思很好」。未提及見面事。

高雄的壽山、西子灣，給張學良、趙一荻留下美好的印象。一次眾人相伴一起登上壽山頂，近看高雄港船隻進出，遠眺海天一色，令人心曠神怡……。

一九四九年八月廿三日上午，忽然傳來巨大的爆炸聲，張學良「平生頭一回，聽見這麼大的聲音」，跑出屋外，看見高雄港那邊火焰沖天、濃煙滾滾，一會兒，「空中落下黑油點如雨」。後來一打聽，原來是一艘運軍火的船發生爆炸，半個碼頭起火，這場大火足足燒了十二個小時。

不知不覺，在高雄已待了近一年。一九五〇年元旦剛過，劉乙光聽說蔣夫人在台北，提出要張學良寫一問候信，並要求不通過毛人鳳，直接由他交蔣夫人。張學良擬了草稿，送劉乙光看後，不滿意，劉乙光讓張學良要在信中「表示表示對時局的意見」。這讓張學良左右為難，「不知由何下筆」。身為囚禁之人如何來評議這風雨飄搖、人心惶惶的時局呢？考慮再三，張學良仍寄上一問候短信，請劉轉毛人鳳。這讓劉大為失望！

信是轉去了，劉乙光從台北帶回的消息是：高雄要塞已成為「共軍」空襲的目標，為安全起見，定於一月廿七日返回井上溫泉。這莫名其妙的「藉口」，是否是劉乙光的報復？因為只要走出大山，「少帥」張學良的大名，無人不曉。基地要人宴請時總是將張學良奉為「上賓」，劉乙

張學良在高雄住了將近一年，這期間，蔣介石、蔣經國都曾來過高雄，因為張學良拒絕對時局發表意見，他的求見要求無人理睬。1950 年 1 月 28 日，張學良、趙一荻搬回井上溫泉。從此，外界再無張學良的音訊，直到 1960 年。

光不滿又不好發作。張學良與趙一荻剛適應這裡的生活，現在又要準備收拾行李返回溫泉。面面相覷，情緒低落。

一月廿七日「早，洪司令夫婦及呂太太來送行。下午同Edith（趙一荻）、老劉到西子灣、高雄碼頭，屏東公園遊覽一番」。又是在臨離開前「開恩」到高雄市內「觀光」。晚上八點「洪司令來同車赴高雄火車站，備有包車四輛掛於九點的班車上，九點由高（雄）開車」。第二天「早四點廿七分在新竹車站下車，改乘汽車，因路太壞，中途換吉普車」，晚八點才抵井上溫泉。

冬日之井上溫泉，因地勢高，早晚寒氣逼人。裹著厚厚的冬衣，也難抵禦屋內的濕冷。一封發自美國、在途中整整走了四個月的于鳳至來信，多少帶來些暖意。有很長一段時間沒有見到宋美齡的來信。農曆除夕的夜晚，從高雄回來的劉乙光很是興奮，破天荒地請來了竹東區的區長及周邊的原住民，一同共度除夕。要知道，周邊的山地居民平日裡是不能隨便越過井上溫泉附近的警戒線的。能歌善舞的山地居民，年夜飯後，在張學良的屋中拍著手「舞唱一番」，雖然聽不懂歌詞，但生氣勃勃的舞姿，曲調中透出的歡快，深深感染了這位已兩鬢飛霜的東北「老長官」。這促發了張學良後來對原住民的情況深入調查，就改善原住民生活及生產狀況提出了建議，並請人繕寫後呈交蔣夫人。他想為山民做點事。

除了讀書看報，大山深處無可消遣，聽收音機使張學良忘卻了自己身在何處，讓思緒隨著電波起伏……

山中的小溪、雨季時河水大漲。垂釣，一直是張學良與趙一荻的喜好，看著魚鰾在急流中起伏……人生亦如此，唯有靜靜等待。

仙人掌的花朵，讓「少帥」好奇。生於東北的張學良是第一次見到這種熱帶植物開花，帶刺的莖枝讓人欲觸而不敢。

仙人掌在台灣隨處可見，但開花卻不容易，常常要經過漫長的等待，才能見到這些鮮艷嬌嫩的花。難怪會吸引趙一荻駐足不捨離去。

張學良的相機鏡頭，始終是對準趙一荻。大山深處的趙一荻在不同季節變換著衣著，成為張學良囚禁生活中一道「亮麗」的風景。著旗裝的趙一荻，給人的感覺宛如「小家碧玉」的江南女子，亭亭玉立。

從壽山可以眺望高雄港。

夏季「著短褲戴草帽」的趙一荻。

台灣秋日之寧靜氣爽，似乎鏤刻在趙一荻的臉龐上。

冬季，鮮花依舊盛開，一身素雅的趙一荻。

七　夫人牽線　大洋家書

老劉交來蔣夫人親筆信，言將來寓探視……覆蔣夫人函，切請其勿來，因路遠而太壞，余可隨時隨地往見。

——一九五〇年四月十六日

老劉返來，交來蔣夫人函及食品多件。語我他去台北，見過毛先生，由毛帶見蔣經國，由經國帶見蔣先生。一切正在研究中。蔣夫人不來了，候指定地點見面。

——一九五〇年四月廿四日

老劉交來伊雅格由美來函附美金支票三千元。我給毛局長一函託其代取，言美金最好，市上賣價好一些，並將伊雅格原信附去，以便查對提款。

——一九五〇年八月廿三日

我对她有什么话说呢。我答国家已到了这样天地，还有什么可说哪，我是无有可以帮助的了。只有二件事也求一求夫人，1 在新竹之也请一请蒋先生。2 请代家中要几个钱用，她答应了给家中写信，由她封。又谈了谈国事外交等。下午约两点半夫人辞去，余等送回，约晚七点半方到井上。

五月一日

给凤至和孩子们James写信，上蒋夫人一函，将信附去托转，并问日昨事。又给六妹一信附大衣毛衣各一件，托刘转致。

五月十五日

六妹来信和食品三项。

七月廿三日

卅九年　　　　　　　月　　　　日

生態度，將相片存我們，使探一探余之態度而已。負蔣夫人出，切請其勿來，因路遠而不壞，余可隨時隨地往見。又給毛局長一函，向彼對杜事不罪，而關懷，並請轉呈夫人信。戈劉中午即去台北。

四月廿四日

下午四点許，戈劉返來，交來蔣夫人函及食品多件。請我他去台北，見過毛先生由毛帶見蔣經國，由經國帶見蔣先生。一切正在研究中。蔣夫人不來了，候指定地点見面。

四月卅日

昨一夜未好睡，早五点半出發，十一点抵大溪蔣家別莊，小休約一小時蔣夫人到來，談了一些家常，然后在寓午餐，飯后夫人向

的信，家信等，谈至四点多钟才分手，余给他签了数张银行文件。夜宿于大溪蒋庄。

四月廿三日

早七点由大溪动身，下午一点许返抵井上。

四月廿六日

上 蒋夫人书附家信三件，TV信，James的信。

五月五日

上 蒋夫人书附对了山人之意见。

六月十四日

周先生由竹东同一书差，云要前上 蒋夫人关于了山人意见书原稿，要立即抄，原人带回，由周抄，余签名交来人当晚返去。

九月一日

见报载 蒋夫人感冒，致书问候。

四十年　月　日

一月十一日

上蒋夫人一函，请示党员归队事。

二月八日

蒋夫人来函内附党部公函，外年礼四色。即复函谢。

三月四日

戈刘将去台北，把写好了的给蒋夫人寿信及寿礼（广山布两匹）交刘带去。

四月廿一日

戈刘由台北返，言明日我们去大溪有一人要见我，系蒋夫人交办的，是谁他不知道。

四月廿二日

早六点出发，十二点到大溪。约等一个钟头，来见者是James，交来蒋夫人的信和糖菓什志，TV

OFFICE OF THE PRESIDENT
CHINA

Taipeh, Taiwan
February 3, 1951

Dear Han-chen,

As soon as I received your letter regarding your re-registration in the Kuomintang, I sent it to the Committee in charge. I have been waiting until now to answer you as the reply just came a couple of days ago. I am now enclosing it. I have not opened your letter, but from what I gathered from verbal sources the Committee has taken note of your desire to re-register and is taking steps to attend to the matter.

I hope that you are well. I have been having a bad cold and feeling very tired for the past few weeks, but I am now better. I am sending you a few things for the New Year and hope that you will like them.

I think often of you and pray for your welfare. May the new China New Year bring all of us good luck so that we may return to the mainland by this time next year.

With personal regards,

Yours sincerely,

Mayling Soong Chiang

(Madame Chiang Kai-shek)

Marshal Chang Hsueh-liang
Taiwan

MCK-s/pc
Encl:

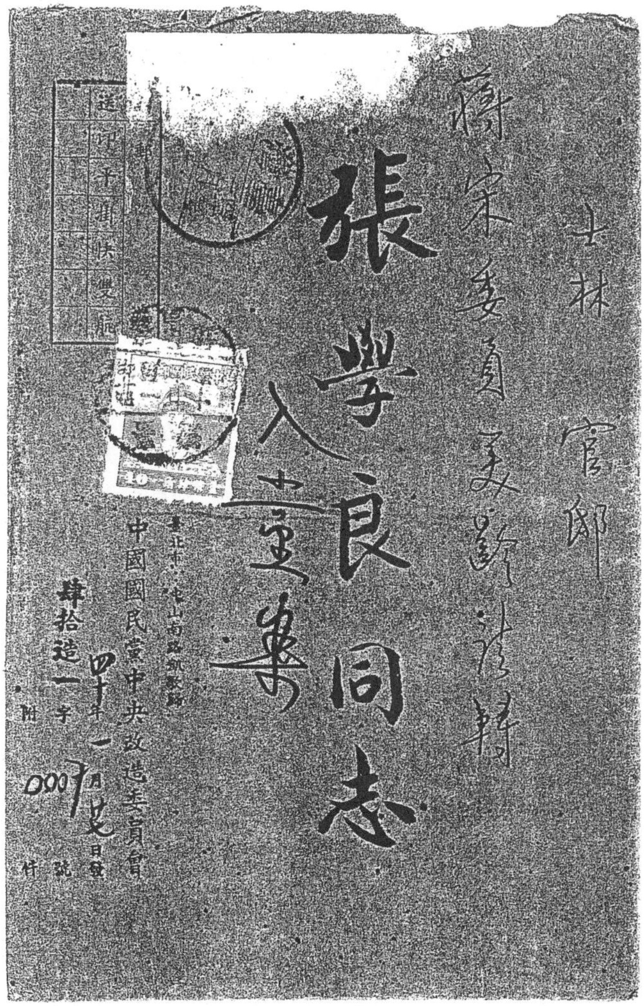
士林官邸
蔣宋委員美齡 請轉
張學良同志
中國國民黨中央改造委員會

肆拾造一0007號

奉 總裁交下 同志一月十一日函一件
同志情殷歸隊所深欣慰惟此次之黨員歸隊
運動以使每一黨員按時參加小組活動為主旨
同志此時尚未能劃編小組參加工作歸隊一
節不妨暫緩以後關於本會刊出之書籍文件當
隨時檢寄以供
閱讀特此函復即希
詧照

此致

張學良同志

中國國民黨中央改造委員會

四十年九月二十日

張學良背對著國民黨的「黨徽」、「黨旗」，沉默無語，大山中的「青天白日」更透出一股徹骨的寒意。

一九五〇年四月，一連收到了兩封宋美齡的來信。

在四月十一日信中，宋美齡說：「自我返國，我就一直安排和你見面，所以未給你寫信，但每次要去看你時，總臨時有事……但我向你保證沒有忘記你……所以，下周末我將可以來看你。」宋美齡說到自己「身體不適」，希望張學良要「仰頭振作」。

張學良一算時間，急忙復覆函，「切請其勿來，因路遠而太壞，余可隨時隨地往見」。信讓劉乙光帶去台北。

四月廿四日劉乙光從台北回來，面帶喜色，說他到台北後先見了毛人鳳，又去見了蔣經國，「由經國帶見蔣先生，一切正在研究中」。並帶回了宋美齡的信及糖、罐頭等。

宋美齡在信中說：「下周我應該可以和你見面，時間和地點我會通知劉乙光告訴你。」

一九五〇年四月三十日，頭一天已接到通知，讓張學良今天去蔣介石大溪官邸，說「蔣夫人約見。一九三六年西安事變後，與宋美齡同機飛南京，一別十餘年未見面了，但彼此之間書信未斷，宋美齡總是在每封信的開頭稱之「Dear 漢卿」。隨信還寄來各種禮物，不時地詢問需要些什麼；為他請來伴讀明史的學者；怕他寂寞，寄來了雜誌；甚至寄來了小狗的照片，告訴張學良，她養的狗生了一窩可愛的小狗，是否需要送來一隻做作伴……。

接到通知後，張學良輾轉於榻，一夜未眠。

早上五點半出發，沿著崎嶇的山路北行，十一點到大溪蔣家別墅。小休約一小時，蔣夫人到，

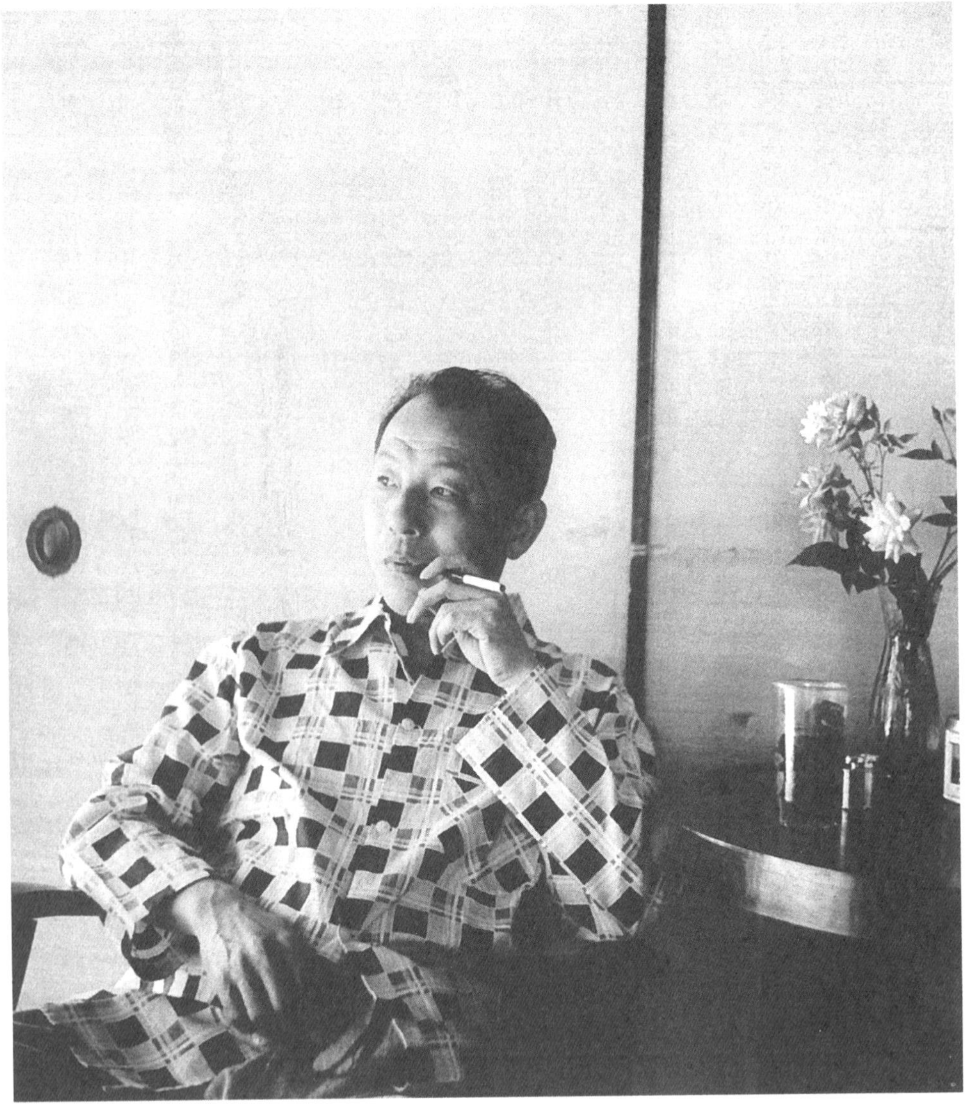

除了讀書或戶外的散步，很多時候，張學良是呆坐在屋內，泡上一杯茶，點著菸，靜靜地遐想，在繚繞的煙霧中，放縱無邊的思緒。

談了一些家常，然後在寓午餐。飯後，「夫人問我對她有什麼話說嗎」，我答：「國家已到了這樣天地，還有什麼可說呢？我是無有可以幫助的了。只有兩件事，想求一求夫人：一、在私情上想望一望蔣先生；二、請代家中索幾個錢用。」宋美齡答應了，說「寫給家中的信由她轉」。

這是張學良與宋美齡自一九三七年浙江奉化一別，在台灣大溪，一次短暫匆匆的會面。一晃十餘年過去了。一九三七年四月十日，宋美齡在奉化雪竇山妙高台招待張學良、于鳳至午餐，在座的有宋子良、端納、董顯光，飯後大家一起打五百分。四月十四日，宋美齡還單獨請了張學良，于鳳至吃飯。當時雪竇山的紅杜鵑盛開，給張學良留下至深的印象，「北地人第一次看此景也」。花開花落，相見時難別亦難，一九五〇年四月是張學良到台灣後第一次見到宋美齡。這一年，張學良五十歲，宋美齡五十三歲，都到了「知天命」之年。當年被宋美齡稱為「紳士」的張學良頂髮已稀，而宋美齡風采依舊，兩人相見，更多是無語相對，同為孤島「淪落人」，「還有什麼可說呢」？

「兩點半，夫人離去，余等返回，約晚九點半方到井上。」也就是說從井上溫泉到大溪蔣家官邸，來回山路跑了近十個小時。疲憊與興奮交織，在昏暗的油燈上，張學良記下了這難忘的一天。

在蔣夫人的關照下，張學良的山居生活多了幾縷色彩。陸續收到家人的信件，友人伊雅格從美國寄來了錢款，送來了相機……。

原本一直擔任「少帥」秘書的趙一荻，在井上溫泉，變為主婦兼秘書，張學良的一些信件或手稿，都是趙一荻謄清後寄出。因為井上溫泉無電力照明，「秘書」工作大部分只能在白天進行。

中秋時節，宋美齡託人送來月餅、茶葉、水果、雜誌等。佳節思親，讀到于鳳至從美國的來信，以及子女閭瑛、閭玗、閭琳的信，作為父母，張學良、趙一荻自然倍感欣慰。兒女們在美國有于鳳至照看著，讓他們少了幾許牽掛。「兒行千里母擔憂」，更何況家人遠在大洋彼岸，收信、覆信成了張學良、趙一荻幽禁生活中最愉快的時光。

白天坐在廊道上讀書，光線尚好，晚上只能油燈相伴。囚禁期間，讀書是張學良一大愛好。他曾託人購買了各種明史圖書，在他的日記本中，也常保存有台北書店的廣告。

冬日的山中濕冷襲人，趙一荻裹著厚厚的冬衣，在陽光下編織來年的毛衣。

「自己打字」。伊雅格送來了英文打字機，給友人及遠在美國的兒女們寫信，可以逐句敲打，「家書抵萬金」，孩子們讀到台灣的來信，一定很高興的！

宋美齡不時會託人送來各種雜誌，這是「Edith坐在桌前看*TODAY'S WOMEN*（《今日婦女》）」雜誌。

老劉將去台北，把寫好了的賀蔣夫人壽信及壽禮（高山布兩匹）交老劉帶去。

——一九五一年三月四日

老劉由台北返，言明日我們去大溪，有一人要見我，係蔣夫人交辦的，是誰，他不知道。

——一九五一年四月廿一日

八　友人重逢　禮輕情重

夫人鈞鑒前陳良對于高
山人之管見茲草略擬就隨
稟附上俯乞　鑒察專此敬候
鈞安　並祝時君代問好
總座前叱名問安

五月廿八

國風圖書公司印製

台湾的之高山人共分为七族：1.泰耶雅鲁（有人译为泰耶尔）Tayal 2.阿美 Ami 3.拔温 Paiwan 4.布鲁穆 Burun 5.曹 Tsou 6.薩塞特 Saisiat 7.耶美 Yami

人口约为廿万，其居地则以泰雅鲁族的性情横蛮重言诺强悍耐劳苦，为保衛自族生存的原因而团结力甚强。过去受日本人统治的经济压迫和封锁，因之生活方式未能迅速进化，仍在半原始状态中，但亦有少数者同化於汉人或日人，好酗酒喜斗殴。因过去受日人宣传和教育的影响，有相当轻视中国汉人之心

和本地台湾之汉人多以欺骗高山人为生財之道因而

理四十岁以下的男女都能讲相当的日本语，现在亦多有能通中国

和广东客家语

官话语。若干高山人自己无文字，过去统用日本字母和日文，现在有些能识和读汉的中国文字。生活之简单，不能想像，尚有使我们

一般只以紅薯和山芋頭為主食，尚有一部份高山人生吃肉類，衣則只憑一幅麻布，年青的男女多已着時代裝束，這也是要看經濟力的關係。住則僅竹屋木舍，多數的沒有被蓋，衛生知識甚低，所以死亡率相當高，尤其是嬰兒。謀生之道大部份為山產藤、竹、木、通草、桂皮等，一部份已只有耕種知識，兼有養豬養雞者，山地耕之田地甚少，現在野獸減少，須進入深山中方可尋獲，因之狩獵已失去經濟地位，而為遊玩之事實，以上所述為平地高山族人大概之輪廓。茲將有關於高山人之黨務、政治、教育只管見之陳述如下

1. 黨務：高山人性情樸素，為純潔的一張白紙，在思想方面容易指導，如領導有方，可造就為忠誠堅決的三民主義信徒

我们将化蕃苑之高山区而为三民主义之乐土，此为实践大同之伟业

最见地的不可以使他们轻易的入党或为正式党员，只求数目字之扩大

党员而致滥竽充数，当使他们研究总理遗教，然不能（　）

人格通而必须使他们对三民主义有相当的认识，进而方得为正式党

员，使其得为正式党员在行为上是一种荣誉，在知识上已具有三

民主义之信仰，决不可一经通过宣誓之形式就算是党员，只为数

目字之扩大而轻易吸收未曾认识三民主义之党员，此不只对于党没

有益处，恐将来反有损害

2、在政治方面我们必须本总理之指示，不可以有抑

制日本人之轻视或这种思想，所以在政治和教育制之

目的是指导扶助他们向上，在经济方面则是培养也教导使他们提高

山地所产之竹、木、林、通草、樟皮……

丙、衛生

中國人一般皆是需要在高山人更为要緊，犹且是对于產婦和嬰兒、共一般之男女多妻，酗酒更因販酒入山者常是假酒，此可以說是酖毒，以致瞎眼和殘疾甚至不少死。瘧疾为高山區居民最大之仇敵，在衛生方面必須大为宣傳，也致尊和普遍的義務衛生醫療設施。現在雖然已有診療所的設備，因人員的不足和藥品的缺乏，那是等于點綴，叫高山人出錢治病，那只有少數又少數的人才可以作得到。对于私販和偽造假酒者，由于貪圖小利則害人不淺，應当切实嚴禁和嚴罰。

丁、關于入山工作人員和巡察人員應注意之事項。凡入山商人工作人員之覺悟人員多取其志願方式为之，这些工作人員必須

戊、工作之綱要

必須確達[illegible]民族平等博愛之精神，不可存歧視卑視之心理，要普遍化扶植高山之政治文化經濟提高，决不可以扶植少數特殊人物造成地方惡勢力，为將來之害。努力提倡民族主義，個人主義現在已漸漸的露有端倪，此不可以視輕之也。使其生活脫離現實，以上兩項對[illegible]

二 遵守總裁所諭，當前共黨及俄共之陰謀

深體總理平等博愛偉大之遺教，尤有吳風校世積極之

精神，決不可以紙上文章、官僚作風，上級機關時常作有形

和無形之巡察，派往視察人員決不許接受歡迎宴招待等等

以輔消耗地方人力財力，有形視察可平心同工作人員擧行工作

之檢討，無形視察人員可以其他身份進入工作地同高山人或工作

人員接觸，無形中求得工作之情形和感想，總之視察制度是

一種有效制度，但可是從視察的人員以近據的身份到處

要歡迎招待，以個人之喜怒隔靴搔癢式的偏見報告文章

于工作毫有益處，反有害處

此安能希其對

6 組織赴山地兵團：高山人總數約為十萬，以五分之一計算約有

僅有少數的濱海上生活

自動的

自積極之精神

四萬名壯丁，假如調抽練萬名或五千名不致困難，因高山人生活
簡單，長於登山，能耐勞苦，其性情特別強悍，為理想的山地兵
員，假如予以特別組織一高山兵團，專為山地作戰，給以特殊的訓
練，高山族和特殊的組織編組上不分漢人混合，有如西班牙之摩洛哥兵
團，此一兵團必須加強政工，下級幹部必須經過特別訓練，能以高
山人生活習為之，能簡單講說高山話和日本語者最為適宜，假如組織訓練得
法，此可能成為興夏之一支勁旅也。
良，對於間接觸其為之居處，則為高山區之一隅，僅就數年來再回所
見，成立所計劃，然必能符合實際之又苦於為文有詞不能達
之感，憾草略陳詞，俯乞鑒照賜宥是幸

五月五日

OFFICE OF THE PRESIDENT
CHINA

附件
肉鬆二紙
橘子一簍
餅乾二盒
[illegible]二瓶

NO. 12

Marshal Chang Hsueh-liang

OFFICE OF THE PRESIDENT
CHINA

Taipeh, Taiwan
April 21, 1951

Dear Han-chen,

As Mr. Elder is coming to see you, I take this opportunity to write you a few words. I do want to thank you so much for remembering my birthday. The pieces of native cloth are lovely. I particularly like their soft coloring. I also noted your very timely suggestion that something might be done to improve their quality. I spoke to the JCRR people and they told me that they are working on such a project with the help of an old Canadian missionary, Mr. Dickson, who has been in Formosa for many years. As soon as I have a little time I am going to get in touch with Mr. Dickson to see whether our Women's organization can co-operate to push ahead the program he has in mind.

As you know, some six weeks ago I fell down the stairs and hit my back. I was in bed for three weeks and while I am up and around now, I still have pains whenever I am tired. I am going to have an X-ray as soon as I can get around to it. The doctors do not think that the spine itself is affected and they tell me that the lameness will continue for several months, but they advise me anyway to have an X-ray taken. That, I shall do.

I am sending you a box of candy and some magazines. If there is anything else I can get for you, will you let me know?

With all good wishes,

Yours sincerely,

Mayling Soong Chiang

(Madame Chiang Kai-shek)

居家早餐，麵包黃油，雞蛋是自養的雞下的。「誰知盤中飧，粒粒皆辛苦。」

一九五一年四月廿一日，劉乙光從台北返回，直奔張學良屋內，說「蔣夫人安排，有一人要見你，明天一早去大溪」。張學良納悶急問「見誰」，劉乙光搖搖頭說：「是誰？我也不知道。」又起個大早，中午十二點才到大溪，去蔣家別墅坐了一個小時。張學良一看進來的人竟是伊雅格！張學良幾乎不相信自己的眼睛，展看伊雅格帶來的宋美齡的信：「伊雅格來看你，我利用這個機會給你寫幾個字，我非常感謝你記得我的生日，你送給我當地（原住民）生產的布料，很可愛，我特別喜歡其親和的顏色。」

宋美齡三月四日（農曆二月十二日）生日時，張學良寄去了賀壽信，並從當地人手中購買了原始方式織染的布料作為壽禮送去。當時張學良聽說宋美齡身體欠佳，也去函問候。宋美齡談及自己「因不慎從樓梯跌下，在床上躺了三周……這樣行走不便還會保持幾個月……」在信的最後，有這麼一句：「如果有其他需要的物品，請隨時告訴我好嗎？」

伊雅格的到來，真是出乎張學良的意外，他知道這是宋美齡專門為他安排的會見。故人相見，久別重逢，是很難用言語來表達的。伊雅格與張家三代人熟稔，是張學良年輕時的摯友，按張學良的話說是「可以引為終生的朋友」。張學良與趙一荻的孩子閭琳，就是托伊雅格在美國安排一白人家庭科恩夫婦家中寄養的，當時科恩夫婦的兒子與閭琳同歲，正好有一小伙伴相陪。友情、親情、如煙……兩人談到四點多才分手，伊雅格帶來了幾份銀行文件讓張學良簽字，這些錢對張學良來說，真是千里送「重金」，患難之時，更顯朋友之「赤子之心」。

也許無奈地習慣了「山中的生活」，草木的榮枯也習以為常，新修的「清泉橋」便成為拍攝的背景。橋原本是抵達彼岸的通道，對於張學良來說，橋能讓他散步的範圍稍大些……

「山中清泉湧，人從橋上過」。台灣多山多溫泉，山民出行多攀山路、走吊橋，為了方便出行，張學良、趙一荻遷此後，重修了清泉橋。圖為「Edith 步行於清泉橋上」。

天色已晚，夜行山路不安全，張學良只能留宿蔣家的臥榻旁，是否能夠安然入睡？不得而知。四月廿三日早上七點動身，下午一點，載著一車的各種禮物，張學良帶著蔣夫人、宋子文的信及家信，也帶著見到伊雅格的喜悅趕回井上溫泉，他知道等在井上家中的趙一荻，一定有些著急了！

宋美齡之所以安排張學良與伊雅格會面，是希望通過伊雅格的渠道，讓張學良更多地了解在美國的家人情況。十一月，伊雅格再次來台，帶了一台英文打字機，請宋美齡轉交。宋美齡在十一月廿七日的信中寫道：「從伊雅格告訴我消息，我很高興一切都很順利。」宋美齡講述了「鳳姊姊」及幾個孩子的情況後，也談到閭琳，「我不認為你需要擔心他，我們應該知道少年男孩需要有一個時間的成長，來認識自己，何況他是聰慧的男孩」。

宋美齡以女性的細膩、優美的語言來講述這一切。「你不知道，我是多麼高興能給你這麼多伊雅格給我的好消息。」

收到這些禮物，在一九五一年歲末，張學良用英文打字機給「鳳至及兒孫」覆信，給伊雅格致信，並「上蔣夫人」謝信，將家信等附去請代轉。在給家人的信中，寄去了張學良在井上溫泉拍照並沖洗的四十張照片。

「自己站在院門籬旁」。院門外就是看守的住房。張學良在井上溫泉的「自由」僅在院內，走出院外需要請示報告。

「Edith站在院門口」。一道竹籬幽禁了兩個人的自由，夕陽西下，小木屋才是他們的天地。

井上溫泉的冬日，有時會滴水成冰。讓張學良回想起東北的寒冷，不免思鄉，轉念一想，「大丈夫理應四海為家」。

「Edith 坐在警室旁樹林」。表明他們跨出竹籬的一舉一動都在警衛的視線中。

這是井上溫泉後山的山道，爬山累了，坐下小憩，可以看到自己居住的環境。「外邊的世界太精彩」，張學良喜歡爬山，幽禁的山坳阻擋著視線。每當登於山頂，舉目遠眺，會讓他大呼「痛快」！

趙一荻在路旁樹下。這條道，他們來過許多次，山路曲折，風景依舊，歲月無情。

「Edith 站在石壁」。石壁下是張學良、趙一荻的住處，他們倆在大山中整整待了十餘年。

蔣夫人來信，言前函因欠安，所以現在才覆，又言欲觀石田、石濤作品。

——一九五二年四月廿一日

蔣夫人信並附有手畫一幅，雜誌一束，罐頭兩打半。即覆函謝。

——一九五二年五月一日

台北送來年禮四包，云係蔣夫人所送。

——一五三年二月十二日

覆家信附相片十二張，伊雅格信，孔庸之（孔祥熙）信，致蔣夫人一函，將上函附去請轉。

——一五三年五月六日

九 互贈書畫 回饋友情

上蒋夫人一函，附去查士标画册一本。

五月一日

蒋夫人信並附有手画一幅，什誌一束，听头两打半。即复函谢。

五月卅一日

蒋夫人手書並James的信和要我签名的文件数种，立即签字原差带回，将军中发言一文附上。

六月廿一日

约刘医来眼大夫黄娘桂配眼镜。

十月廿日

台北送来食品四色，不明何人所赠，后来询明係蒋夫人送的。即复函谢，並问病（因夫人在美治病），托毛局长转寄。

十月廿九日（旧历九月十五）

四十一年　　月　　日

一月廿六日

蒋夫人手书一封，并年礼：咸肉、粉丝、年糕、枣、桂元、粽子、袜子三双、玩物两盒、什志七本。

一月廿八日

复谢 蒋夫人信。

二月五日

收刘永宗六妹信一件并食品数种，复谢，附相片三张。

三月九日

致 蒋夫人贺寿信，附礼二件（蒋传录，大明史）。

四月廿一日

蒋夫人来信，言前函因欠安，所以现在才复，又言欲观石田、石涛作品。

四月廿三日

月　　日

六月十四日

蒋夫人送来端午节赠五色，立即复函谢。

九月廿一日

蒋夫人送来中秋节赠五色，即复函谢。

十月卅一日

上蒋总统贺寿笺，由夫人转。

十二月廿四日

上蒋总统夫妇贺圣诞及年笺。

四十二年　　　　月　　　日

二月十二日

台北送来年礼四包，云係 蒋夫人所送。

二月十五日

复㑹 蒋夫人函。

三月十二日

致 蒋夫人贺寿笺，函毛局长代寄。

三月廿七日

蒋夫人返台，上書问候。

五月一日

蒋夫人来函，附来宗信James信及孔庸之等信，共23封，外附衣物两大包。

五月六日

复宗信附相片十二張，James信，孔庸之信，致 蒋夫人一函，將上函附去計封。

張學良、趙一荻在山坡上的合影。剛理過髮的張學良看似年輕許多，稀疏的頭髮已掩不住歲月的滄桑。身後是盛開的美人蕉。

宋美齡到了台灣後，也許是不習慣台灣島亞熱帶的氣候與水土，身體一直不適。先是不小心摔了，背部受傷，隱隱疼了好長時間，接著感冒，又受到神經性皮炎的困擾，試用了各種藥均不管用。她在一九五二年一月廿五日給張學良的信中抱怨：「醫生說，最徹底的治療，還是充分休息，放鬆心情，忘卻煩擾——說得容易，但我如何能做到？——尤其是在這樣一個困難時期。」

宋美齡給張學良送來了「新春」禮物，「年糕是自製的，鹹肉是我們自養的豬醃製的」，還送了拼圖玩具，「希望你喜歡這些拼圖，那會令人著迷的」。還有粉絲、棗、桂圓、粽子、襪子、雜誌等。

張學良的身邊沒有什麼好的禮物回贈，唯保存了一些過去收藏的古畫及畫冊，他聽說宋美齡喜歡畫畫，就送了「蔣溥年的畫冊」。

研習國畫，成了宋美齡放鬆心情、修身養性的愛好，「據我的老師講，我的畫風及筆法近似石濤、沈石田，所以我一直在研究學習他們的畫，但在台灣很難取得他們真蹟來研習……」張學良收到信後，託人又送去了查士標畫冊。

五月的井上溫泉，氣候宜人，草木蔥鬱，而台北卻炎熱蒸人。這樣的濕熱環境，對於宋美齡來說，是非常不適應的，在收到張學良送來的畫冊時，她剛好完成一幅畫，便題了款，請人送交張學良。這是一幅臨摹石濤的畫。

「我希望你會喜歡，請你包涵我的生澀筆法，到底我學習國畫僅十一個月，我的原則是不將

1953年3月，宋美齡從美國回來，5月託信差轉來23封信，其中有來自美國的家信，讓張學良、趙一荻倍感欣慰。

我的畫送人，同時我知道還有許多該學習的，而且目前離我自訂的標準，還相差甚遠，但我將此畫送你留作紀念。一幅美齡初學的畫，也許會引起你的興趣。」

一九五二年的夏天剛過，宋美齡決定去美國看病。即便在美國，也不忘託人給張學良送去食品。張學良在十月廿日忽然收到台北送來四包食品，「不明何人轉寄」。一九五三年二月十二日，「台北送來年禮四包，云係蔣夫人所送」。

宋美齡在美國待了將近半年，一九五三年三月廿七日返回台灣。五月一日，信差送來了「蔣夫人來函，附來家信，雅格信及孔庸之（孔祥熙）等信，共二十三封，四十五頁，外附衣物兩大包」。

在美國期間，宋美齡見到張學良的女兒閭瑛及女婿，「他們都很好」。于鳳至到舊金山的醫院探視，被醫生謝絕，「我未能見到她，我感謝她，也覺抱歉」。宋美齡還為張學良帶了四件夏威夷襯衫，並在信中交代，「這些襯衫是著於長褲外的，而不是穿在長褲腰帶內，我希望你穿時感到涼爽」。

宋美齡的畫，在當年美國《生活》雜誌藝術專欄上刊出，返回台灣後，立刻就將這張畫的複製品送給張學良。張學良雖行伍出身，卻喜愛收藏。年輕時常為買畫一擲千金，有些古代名字畫，是一直攜帶身邊，不時翻出品賞。品畫、論畫成為他與宋美齡這一時期必不可少的話題。後來，每逢宋美齡生日時，張學良總會將自己珍藏多年的古畫或精心挑選的畫冊作為禮品答謝宋美齡。

張學良心情好時，會與趙一荻一同去居住地附近轉轉。山間小溪，樹木茂盛，景致極佳，唯不見人蹤。這是 1953 年的趙一荻。

趙一荻山上採花，夕陽西下，「滿載而歸」，並留此「倩影」。

如一九五四年三月十四日「上蔣夫人賀壽箋，附王石卻畫軸」。

一九五七年三月十日「上蔣夫人賀壽函，附錢東牡丹花立軸一幅」。

一九五八年三月三十日「上蔣夫人賀壽函，附程孟陽小軸松石」。

……

一九五四年，備受「神經性皮炎」困擾的宋美齡再度赴美就醫。十月廿三日返回台北後，廿五日立刻給張學良去了一封信：

> 我前兩天剛回台北……在舊金山見到鳳姊姊，她到醫院來看我，次日我們一起吃晚飯……她能說英語，而且她看來比我十年前見她還要年輕十歲，我既驚訝又高興，見她如此自立……她看起來很快樂，而且心神非常寧靜，但她非常想念你。

宋美齡談到自己的病情時說：「沒有比我過去幾年皮膚癢所受的罪更難過的。」「經過多次檢查之後，醫生總算找出了我的病因，是對食物及空氣的過敏……感謝上帝我終於好了！」

在信中，宋美齡想起三月時張學良送來的畫軸：「我忘了是否已謝謝你送給我精美的畫軸，作生日禮物，我當時身體不適，可能忘了及時感謝你，不過你要知道，我非常感謝你想到我，在我身體不適時，這幅畫帶給我欣慰。」

在美國，宋美齡還見到了伊雅格，幫張學良辦理錢款事宜：「你很幸運有伊雅格這位忠實的朋友，他為你及你的家人所做的一切，足以證明他對你的忠誠與關懷。」

宋美齡在 1953 年託人給張學良轉來美國的家信，同時寄了兩大包衣物。其中有四件夏威夷襯衫，並交代「這些襯衫是著於長褲外……希望你穿時感到涼爽」。沉思中的張學良，讓思緒飛過高山大洋。

宋美齡給張學良送來了收音機。當時台灣竹東山區，除了山地居民原始耕作外，與外界多無聯繫，交通尚不通暢，更談不上電及電話，晚上多靠油燈照明，國外友人或朋友送來的小電器，張戲稱「多為廢物」。宋美齡送來收音機時交代「我已裝了電池，你打開就能收聽……我希望它帶給你樂趣」。

這是張學良在井上溫泉唯一能使用的「家用電器」，也使他後來養成聽收音機的習慣。張學良因油燈熬夜，幾近失明，根本無法看清收音機上的波段，他在臥室擺放了好幾台，請人分別固定好波段，這樣他想聽什麼電台的節目一打開就可以了。通過收音機得以了解外界的變化，但劉乙光時時會「警告」張學良，不能收聽「共匪之廣播」。

井上溫泉附近新建的「中山室」，成為大家在山中緬懷國父孫中山的場所。

「Edith在中山室前」。新建的「中山室」不過是一簡陋的木屋，四周的草木都剛栽下。在山中，無聊的生活，使趙一荻學會了抽煙，煙癮日深，也傷及了她的健康。

「自己在室內聽收音機」。冬天室外冷，只能待在屋裡。這台收音機當時在台灣算是「奢侈品」了，也是井上溫泉張學良唯一可使用乾電池的「家用電器」。宋美齡送收音機時，特別交代要配上幾顆電池。有了收音機，在大山中的張學良得以了解世界的變化。

宋美齡曾找來明史專家來井上溫泉「伴讀」，但待不長久，真正作為張學良的「伴讀」者，應該說是趙一荻，始終陪伴著。

早上七點，毛局長來寓所探視，言對余身體問題深為掛懷，茲囑黃所長負責詳密檢查，以便確明時何原因，小談辭去。蔣夫人送債權人年禮四包。覆函謝，並告安抵士林，體稍感衰弱，但精神安好。

——一九五五年一月廿三日

下午來了兩大夫，腸胃專家李醫師承泌、營養專家田醫生可高，為我檢查。李醫師說我是慢性胃炎和精神性腸病。田醫師說我缺乏維他命b2，應該食物合理化，因而談到伙食問題。我則言此非余力能做得到，請向袁大夫講，由他向黃師長講。後來余同袁夫人談到我們的伙食情況，事後，我覺為失言。黃師長送來燉雞一只。

——一九五五年二月三日

Edith（趙一荻）兩天來又犯尿血並腰痛，今早同老劉商量去台北醫治，由彼向台北商請。下午老劉來告，于伯材由台北電話云，已報告接洽妥當，訂十五日來車接Edith先住醫務所。

——一九五五年八月十三日

老劉今午回來，我把寫給Edith的信交他轉寄，告述（訴）她因連日大雨，山路崩壞，須（需）要廿天以後，方能通車，叫她安心鑲牙罷。

——一九五五年九月六日

十　疾病襲來　兩地掛念

一月23日　星期日

早七点毛局长来寓所探视，言：对余身体问题深为挂怀，并嘱荣厅长负责详密检查，以便确明是何原因，小谈辞去。蒋夫人送来年货四色。复函谢，并告史抵士林，体稍感衰弱，但精神实好。袁医师藏戈为余负责检查人，来询问身体经历，健康过程，余详告之，并检查血液，作透视等。王元直言：毛局长已得彼之手令，此地备用，并言可乘赴台北、草山、或基隆各处游玩，余再三辞谢，王坚请，余答若方便观音山一游，岂余等引人时乎。刘乙光

生無益於時，死無聞於後，是自棄也。

——德國諺語

1月22日 星期六

下午一点四十分由井仁动身，三点四十余分到达竹东，换搭车，四点五分由竹东开台北，经过桃园、台北，六点五分到士林，寓于保密局医务所医院，该所黄所长少忠、侯处长在寓招待，并告知毛局长嘱彼将对余身体行详密检查，由明日开始。

世人当自掌其生活之舵，宜好自操持之，而弗使之漂流。

——哀丝兰脱

9月12日 星期一

今晨閒坐看詞書，因連日胡思亂寫，昨又寫，身覺有些疲倦，仰臥椅上，口占歌一曲，行年五十五，不願再度迍僕，富貴榮華如浮雲，但願蒼生脫苦。

收到Edith ⑬⑭的信。

如果你珍惜自己的名譽，就該和品性高潔之士交友；與其和壞人做朋友，寧可孤獨。

——華盛頓

8月15日 星期一

Edwin本定今早九点由此地出发，八点半忽又发冷，周身战抖，请郭医生来视诊，烧至39.5，脉112，郭医生给了一包药，烧至38.1脉仍为106，又打了一针。十二点四十分由此动身，郭医生陪送至竹东。

竹东有电话来，说三点半许过的竹东，Edwin体温正常为36.8。六点时刘太太来电话说Edwin等到了他家饿了，吃了些许蛋炒饭，现在已去士林。

幫助你最多的書籍，是使你想得最多的書籍。

——柏克

月　日

上蔣夫人賀壽箋，附王石谷畫一軸。

四月十二日

弋刘由台北返，帶來葯水葯片等，係因余胃病，毛局長所贈者，即复函谢其關懷。

六月三日

蔣友芳送來節礼七色。即复函谢。

九月八日

友芳送來中秋節贈四色。即复函谢。

九月十六日

弋刘帶來，冀柳忱節礼（火腿、月餅、干貝、酒），即复函谢；弋刘，他言待机帶交。

十月三日

弋刘告訴我，他将去草山受训。夜间到他房间長談，致張岳軍一函，由他親帶。

四十三年　　月　　日

一月廿五日

弋刘交来傅甬源寄给他的信一份，并赠我坛经一册。余复钞古诗两首，并相片两张。

一月卅一日

弋刘由台北返，带来静农夫人年赠五色。复函谢。

二月十八日

陈辞修当选为副总统候选人，余书一贺函，交刘转致。

二月廿四日

弋刘由台北返，言见过陈辞修，陈甚关怀，并赠水菓一篮并干两盒。傅甬源手书一册复函赠相片。

三月十四日

1955 年，接毛人鳳通知，張學良、趙一荻可到台北過年，順便檢查一下身體。張學良、趙一荻 1 月 22 日下山，住進台北士林保密局醫務所。

在張學良的記憶中，一九五五年一月十二日，是他到台灣以來所遇到最冷的一天。

晨起，「滿院小草上都是冰霜，溫度為零下一度，檜山上積雪可望」，抬頭望去「天朗氣清，恰有北方氣候的風味，不覺有思鄉之感」。在寒冷、寂靜的井上溫泉，山頂的積雪，讓張學良想起東北老家，少小離家，老大卻不能歸。轉念一想，「大丈夫四海為家，何必戀於故土乎」？

一九五五年的春節，毛人鳳將張學良、趙一荻接到台北過節。

一月廿二日，帶上換替的冬衣，下午一點動身下山，乘車到竹東。換了轎車，經過桃園奔台北市區，六點到士林，住進國防部保密局的醫院。

第二天，毛人鳳來探視，希望張學良、趙一荻在這裡待上一段，順便檢查一下兩人的身體，並說留下汽車給他們備用，可以乘車四處看看。

劉乙光去年奉命到台北草山將官班接受培訓，聽說張學良、趙一荻來台北過年，亦帶著女兒攜年禮來探視。希望明天在家中宴請張、趙，張學良辭謝了。

除夕之夜，台北市爆竹聲聲，不絕於耳，在寂靜山中待慣了，這徹夜的喜慶爆竹聲，讓張學良無法成眠。在日記本上記下一首詩。

萬姓不滅故鄉心，除夕來個爆竹聲。
村佬入城眠不穩，夢中疑覺成金門。

當時，人民解放軍砲轟金門，海峽兩岸砲聲隆隆，這爆竹聲後，硝煙濃烈，竟讓張學良疑為

偌大的醫務所，只剩下張學良與趙一荻，醫務所的大夫也放假了，空蕩蕩的廊道……

身在金門，這大概是潛藏在張學良身上的軍人性格吧。

畢竟年歲不饒人，長年的遷移囚禁、山居生活加之缺乏醫藥與基本保健，張學良與趙一荻的身心健康都有不同程度的損害。醫務所開假後，來了幾位大夫，為他們做全面的檢查。

抽血、拍片、鋇餐查胃……張學良的視力急劇下降，又有散光，要配兩副眼鏡，肩上有一肉瘤要割去。右耳聽力幾乎沒有，需配助聽器，胃腸檢查發現患有慢性胃炎與腸炎，其餘部分尚「無重大毛病」。

張學良檢查完後，忽然想起跟著他們一同到台灣的吳媽。這位原本是清華的女校工，丈夫去世後獨自拉拔兩個孩子，經人介紹給了趙一荻。從那時起，吳媽就再沒離開過，一直跟隨張學良、趙一荻，從貴州、重慶到台北、新竹、井上，悉心照顧「少帥」與趙一荻，常年相伴在身邊，一同度過無數患難與共的時光。張學良急忙通知井上，把吳媽接來台北，趁此機會也檢查一下身體。

張學良配了兩副眼鏡，拔了兩顆大牙，割去了肩上的肉瘤。吳媽也補了牙，並配了眼鏡。趙一荻原本就一口假牙，經檢查磨損嚴重，需重新配一副。並因痔瘡需動手術，遂化名「曹一楓」住進第一總醫院（也就是後來的榮民醫院），由吳媽相伴著。

帶去台北，正逢宋美齡的生日（農曆二月十二日），張學良與趙一荻買了一籃白色康乃馨交人送至官邸。乘此機會，大家還一同去了淡水。乘車到了位於淡水河、基隆河之間的福安里洲遊玩。在一九五五年二月廿七日遊玩歸來後，張學良這一天的日記中悄悄記下了兩個地址，其一是

從靜靜的大山到台北過年，除夕夜，不絕於耳的爆竹聲讓張學良無法入眠，詩云；「萬姓不減故鄉心，除夕來個爆竹聲。村佬入城眠不穩，夢中疑覺成金門。」

五弟張學森一家在台北的地址——中崙光復路五十八巷三十四號，其二是張學森一家曾經住過的地址。張學良已知曉親友兄弟就在台北，但未經允許仍不得相見。

原定三月十三日返回井上，因毛人鳳挽留又多住了一天。趙一荻因喉部還需動手術，便留在台北。十四日下午四點，張學良獨自返回井上溫泉，這是張學良與趙一荻到台灣後第一次分居兩地，彼此間只能靠書信來往，張學良將趙一荻的來信一一標上序號。兩人之間，原本朝夕相處，一旦分開，書信便成了相互牽掛思念的紅線。四月廿六日，趙一荻手術痊癒與吳媽一同返回。

為了避免旅途勞頓之苦，有些小病痛，張學良與趙一荻一般就到新竹醫院就診，這樣早上下山，晚上就可以回到井上溫泉。

六月廿三日中午，突然接到新竹醫院的電話，說趙一荻與吳媽去新竹醫院途中，解手時發現尿中有血，到醫院經醫生檢查要求住院。劉乙光問張學良：「怎麼辦？」「那就住院吧！」隨後趙一荻送回紙條要東西，張學良只能將東西送去並在家等消息。六月廿五日，張學良要了車急忙趕到新竹醫院，聽醫生介紹，初診為「膀胱結石」，還要進一步檢查。「送不送去台北治療？」劉乙光先去台北請示「上峰」。但張學良的原則是「非不得已，原則不去台北」。

幾天的住院檢查，雖未查出病因，趙一荻燒退了，尿血沒了，劉乙光從台北來電告之上邊的意思，趙一荻「可到台北中心診所，恐時間太長，有誤事」。張學良讓熊仲青電告「病已大見好，雖然不能察（查）出毛病，但無須乎去台北」。

1955 年的張學良。圖片中的張學良一副老態，目光無神，身心疲憊，步履蹣跚。長期的山中幽禁，腸炎及營養不良，嚴重損害了張學良的健康，視力、聽力均出現了問題。

六月三十日，張學良又趕到新竹醫院，為趙一荻辦了手續，一路顛簸，四點鐘回到家。

可是到了八月中旬，趙一荻又出現連續尿血，並伴有腰疼。這次，張學良不敢怠慢，請劉乙光趕緊聯繫台北診所，準備住院就醫。趙一荻行前，張學良幫忙收拾東西，還致函毛人鳳，並送去四隻自己養的土雞，「謝其對 Edith（趙一荻）病的關懷注意」。

原定八月十五日九點出發，早起，趙一荻忽覺四肢冰冷並顫抖，一查體溫，燒至三十九度半。經過吃藥、打針，才勉強上路了。張學良心中牽掛不下，一路電話詢問，直到趙一荻安抵台北士林才放下心來。

空曠的井上溫泉，張學良除了安排好自己的起居，收拾花園菜園，每天在日記中記下趙一荻的情況。

「八月十九日，老劉由台北返回，帶來 Edith 的信……知 Edith 已入中心診所，病是膀胱炎或者腎盂炎，仍在檢查中，病況已大見好……。」

「八月廿七日，Edith 來了三封信，告訴我她的病況等。」

「八月三十日，老劉交來 Edith 第七號的信，報告她的病況，說大概明（三十一日）日可以出院，先回士林醫牙。」

「九月五日……交來 Edith 信兩封……說她三日才出院，在醫務所鑲牙得十幾天功（工）夫。」

九月上旬的連續幾場大雨，使井上溫泉通往竹東的路，出現大面積滑坡，造成山路崩壞，交

1955年6月，趙一荻出現了尿血、腰疼，送新竹醫院診斷為「膀胱結石」。到8月，又犯病，急送台北就醫。此後，張學良一人待在井上溫泉，靠「兩地書」互相慰藉，歷經了兩個月的分別。

通阻絕，據說要二十餘天後才能修好通車，張學良只好去信趙一荻「叫她安心鑲牙罷」。

這真是坐守愁「城」，加之溫熱相襲，胃腸失調瀉肚，張學良身心俱疲，獨自悶坐看詞書。累了，仰臥躺椅上，口占歌一曲：「行年五十五，不願再度臣僕，富貴榮華如浮雲，但願蒼生脫苦。」夕陽西下，已是黃昏獨自愁，一聲嘆息，苦海何時是盡頭呢？

台北、井上依舊「兩地書」，公路仍未通，快到中秋節了，宋美齡送來的節禮，只能擱在竹東鎮。中秋之夜，井上觀月，風清月朗，張學良與看守們炒了幾樣菜，一同度過這個難忘的夜晚。心中充滿了惆悵，喝了一杯酒就回屋繼續給趙一荻寫信，這封信斷斷續續寫了三天……。

十月十五日，歷經兩個月的分別，趙一荻回家了。看到「女主人」平安歸來，張學良懸著的心才算落了地。患病期間，趙一荻託人帶回的信共有廿七封。

井上溫泉因「女主人」的歸來，又恢復了往日的作息規律與幾許久別重逢的「熱鬧」。

宋美齡一直關注著張學良、趙一荻的情況。三月，她收到張學良的信並回信說，「我很高興得知你的體檢報告一切都好。」但從現存的圖片資料看，張學良已呈老態，目光無神，總是一副病懨懨的神態。由於井上溫泉遠離城鎮，蔬菜、肉類採購困難，經常吃不著肉，還要靠自己種點青菜、養些雞鴨才得以維持，嚴重的營養不良使身體的素質下降。這幾年張學良的聽力、視力大為減退，讀書興趣也大減。心中積存有太多想說的話，環顧四周，無人可聊，只能逗玩小貓，或看著雞雛長大，讓時間如山澗清澈的溪水靜靜流逝。

1955 年春，趙一荻因咽部動手術，化名「曹一楓」住院治療，於 4 月 26 日返回井上溫泉。而張學良早在 3 月 13 日就返回井上了。這是他們第一次短暫「分居」。

張學良在台北期間，配了兩副眼鏡，拔了兩顆大牙，割去肩上肉瘤。他也知道五弟張學森一家就在台北，他在日記中寫了兩個地址。雖近在咫尺，卻不得相見。

水塘邊的趙一荻，一襲旗裝，嫻靜沉穩，氣質優雅，她一生中最美好的時光唯有高山溪水見證。

趙一荻與原住民婦人合影。張學良、趙一荻自 1946 年遷移井上，幽禁之處是不允許外人靠近的。到 1954 年，已稍有緩和。張學良曾將原住民婦人織的土布作為送給宋美齡的生日禮物。宋美齡在回信中說：「我特別喜歡其親和的顏色。」

井上溫泉的周圍，有散居的台灣原住民，他們與外界很少往來，以原始農耕維持生計。張學良、趙一荻在井上溫泉住了十餘年，了解原住民的困難，張學良曾於 1951 年 5 月就改善原住民同胞的現狀上書宋美齡。這是 1954 年趙一荻與原住民婦女孩子的合影。原住民婦女小孩皆赤腳，冬日靠土布裹外以禦寒。劉乙光的女兒（左一）的衣著與之形成鮮明的對比。

抗戰勝利後「軍統」撤銷，成立國防部保密局，毛人鳳（前左）從辦公室主任升至保密局局長，並負責「管束」張學良。1954 年 10 月，毛人鳳到井上溫泉探視張學良。劉乙光（後左）已接到去草山將官班培訓的命令。

早晨祭了忠魂碑，以償心願也。大禹子明、李唐與在中山室結婚，各送一百元。余同咪咪（趙一荻）二人，對吃喜酒，別有風味，不可不記。

——一九五六年一月一日

昨夜十點多了，老劉來說，友芳來了。在竹東，因為侯楨祥下午去官邸，夫人告述（訴）他，現在有便人去美國，叫他關照我，可以帶信。老劉希望我有信明早能夠送出，友芳可以即日返回，當天可以呈上。我早六點半就起來，八點一刻把信寫完了，只寫給鳳至一封長信，附去相片十七張，並叫她買維克咳嗽糖，還有一本書《每日生活在古代》。並叫她謝蔣夫人對我們之關切。

——一九五六年八月廿三日

將上蔣總統之回憶書，連日夜繕就，今午交熊仲青給老劉送至台北，請盡在今日送到。

——一九五六年十二月六日

十一　奉命筆耕　夜不能寐

Date August

八月廿八日 星期二

昨下午将写好的"坦述西安事变痛苦的教训敬告世人"一书，交给老刘，他请我签名，以表郑重。因老杜患病在台北，我给他写了一封信，又给包医官一封信为其照顾病事，统交老刘，他早八点去台北。

连日金门炮战紧张，共匪确有登陆的模样

能以正律己者，方能以寬待人。

——梅涵

Judge thyself with the judgment of sincerity and thou wilt judge others with the judgment of charity.

—J. Mason

Date July

七月廿八 星期五

連日感觉眼睛视力不清楚，昨夜才发现左眼有了毛病，看东西变形並有黑色。同弍刘甫游到吴基福眼科诊看。吴大夫断定为"中心性網膜炎"，两天看一次，大约一個月可以治好，至于是什么病因他不能确断。归来请袁大夫抽血檢驗，明天再去照肺有无结核活动。

物莫如新，友莫如故。
——英國諺語

Everything is good when new, but friendship when old.
—English Proverb

趙一荻與劉乙光的女兒劉淑慈在盪鞦韆。

不論在井上或外出遊玩，張學良手中的相機鏡頭常常是對準趙一荻。在屋裡拍照時，他會讓趙一荻不停地變化角度或變換服裝。外出遊玩時，趙一荻身邊總有諸多的看守人員，與趙一荻合影的，有吳媽，這位忠心耿耿的「親人」，但更多的是與劉乙光的夫人、孩子。張學良、趙一荻在井上溫泉是看著劉乙光的子女長大的。有趣的是，劉乙光夫婦從湖南—貴州—台灣一路走來，共生有七個兒女，而張學良與趙一荻僅生有的閭琳，於一九四〇年送往美國後，就再沒有生育。

劉乙光一家約在一九五四年搬到台北，張學良、趙一荻每到台北，劉乙光及夫人總會過來坐坐聊天，或大家一起吃個飯。井上溫泉由于伯材、熊仲青隊副等人負責，但一切事情仍是劉乙光做主。劉乙光經常往返於井上與台北。

有宋美齡的時時關照，劉乙光有時在「張副司令」面前像是少將「勤務兵」，充當信使或安排出遊、解決出現的問題，閒來無事也陪「副司令」聊天解悶。但劉乙光執行蔣介石的「管束」命令時，又會以職業看守的面孔出現，要求「副司令」必須這麼做，去完成「上峰」的指令。

劉乙光知曉張學良是「通天人物」，這幾年，經濟狀況稍好，他也會拿「家事」來「煩」張學良。一九五六年五月廿三日，劉乙光收到兒子的來信，準備去美國留學，家中缺錢，要父親想辦法。劉乙光拿著信找張學良商量，說他想給總統寫信，請求支助三千四百元美金，希望張學良提點意見。張學良提醒說，「為人得要忠，我盡我的心」。「三千四百元美金，雖然在上峰不算多，但是要為總統處境想，部下太多……如你的請求不准，其他人為你幫忙，就有點為難了。」實際

也許是孩子均不在身邊，張學良對身邊的小動物傾注了更多的關愛。宋美齡亦了解這一點，曾來信寄了幾張小狗的照片，並言她養的狗生了一窩可愛的小狗，問「要不要送來幾隻作伴」。逗玩小狗站立，張學良的目光中流露出對小狗的關愛與呵護。

上，張學良已準備資助兩萬，劉乙光婉謝了，希望張學良借他兩萬存單做出國抵押。九月，劉乙光孩子出國前，應劉之託，還給美國友人寫了介紹函。儘管他不喜歡劉的為人，但為孩子的前途，還是伸出援手。可在張學良的日記中，似乎找不到劉乙光表示過一絲心存感激的字句。

一九五六年十二月是西安事變二十周年，蔣介石似乎又想起張學良了，接連召見劉乙光。

十一月十五日，劉乙光從台北歸來，專門到張學良屋內，表情冷漠。「蔣總統曾於十三日單獨召見他，面告二事：不准我收聽中共的廣播；不許我同警衛人員接近。」十一月十七日，劉乙光又連夜趕回台北，仍是蔣介石召見。劉乙光廿日回到井上，說蔣介石命令張學良「寫一篇西安事變同共產黨勾結經過的事實。再三囑咐要真實寫來，並說此為歷史上一重大事件」。

西安事變已經過去二十年了！蔣介石仍沒有忘掉這件事。而張學良「已數年從不再憶這個問題」。這天晚上，張學良躺在床上，「前思後想，反覆追思」，「真不知由何下筆」，一夜未能睡好。

既然是奉命之作，張學良決定「不計個人利害，詳述前因後果」。除了寫家信，張學良很少寫「大作」，為了完成此「重任」，整整埋頭寫了十天。初稿是給劉乙光看，劉乙光看後說蔣先生要求「寫至離陝時為止」，但他「認為缺乏事變後詳細述說」，建議加上這一段。張學良回答「關於那時之事總統知之詳矣」。張學良在日記中寫道：「余實不忍再回憶錄寫。如總統指示，余當詳為述寫單一章。」

十二月五日晚，張學良連夜修改抄寫初稿，十二月六日「將上蔣總統之回憶書，連日夜繕就，

畫架上的照片，是張學良與趙一荻的「寶貝」張閭琳。自1940年送往美國，除了書信照片往來，孩子的成長、教育，一直讓張學良、趙一荻牽掛。真是「兒行千里母擔憂」。

今午交熊仲青給老劉送至台北……。」

這是一篇蔣介石命令張學良作為西安事變當事人必須完成的「命題作文」，儘管張學良曾「下決心永世不談此事」，「不願自尋苦惱，曾自勉連回想亦不再回想」。但身在囚籠之中，又不得不寫。

劉乙光帶著張學良的回憶文章去了台北，沒想到，蔣介石不在台北，只見到了蔣經國。蔣經國交代要將「西安事變」一段續上，所以劉又將原件帶回讓張學良補充。「余真不知如何下筆，不能不寫真實，又不能不為長者讀。夜中未得好睡，再四思量，已得寫法，真而可讀也。」這是當時張學良無奈和煩惱心情的真實寫照！

十二月十七日劉乙光接到蔣經國通知，要他第二天到台北，便催張學良趕快「將信件寫好交他，他明早五點即去台北」。

十二月廿日，劉乙光從台北返回，說信件已呈「蔣總統」留閱。同時又帶回另一篇蔣介石的「命題作文」，說今天早上蔣總統把他召去，「交他一件郭增愷所寫的西安事變感言，囑我（張學良）針對他駁之，加入回憶文中」。劉乙光還轉告了總統對張學良的「表揚」，說張學良：「對共產黨已有進步，我（總統）甚安慰，他（張學良）將來對革命還可以有貢獻。這篇東西（指郭文）對我們倆都有關係，必須有所辟明以示後人。」

總統的「表揚」，張學良卻高興不起來，一封信被一再地要求修改。張學良在日記中寫道：「郭

張學良身上穿的衣服，似乎是趙一荻自己動手做的。可以看出「裁縫」的疏忽，下襬扣上則太緊，兩口袋的下角不統一，加上沒有熨燙，衣服皺巴巴的。「山中無裁縫」，能把布料變為衣服就不錯了。反正「自我欣賞」罷了。

為何人，余已忘記，要把他插入，甚難寫，弄的（得）不三不四。」劉乙光堅持要張學良增改信件並坐等著，張學良只好「修改兩小段，另寫一張（封）信和一駁文」。劉乙光第二天將信送去台北，廿四日回到井上溫泉。晚飯後，劉乙光來到張學良屋裡，說是「蔣總統」親手交來「禮物」，一是〈解決共產主義思想與方法的根本問題〉；二是民國四十六年日記本。劉乙光還傳達了總統兩句重要的話：「共產黨必敗」，「對反共抗俄余有貢獻處」。

這封上書蔣介石的信，按「上峰」意見幾番修改，終於交至蔣介石手中。張學良藉此機會，與劉乙光商量，希望他轉告總統，給自己一個參加「國民黨將官班培訓」的機會。

劉乙光十二月廿六日去台北，廿七日返回。說到台北當天晚上九點總統即召見。「問他有什麼事，彼即將信呈閱，又說出願受訓事，總統立刻應允說好的，劉追問一句何時乎？總統則答，容須布置布置。」劉乙光聽了滿心歡喜離去。計畫廿七日早上返回井上。

可是廿七日一早，尚未起床，即接到總統召見。十點半到蔣介石官邸，「總統言，受訓事，因恐外間之人有些不諒解，貿然從事，萬一引起誤會，甚或引起風潮，或有人對我侮辱，反而壞事，需先有步驟。叫我先寫一本書，把我的經歷、抗日情緒，對共產的觀感，對外發表。變換外間觀感，然後方可進行」。

張學良是領教過蔣介石的出爾反爾的，原想藉「受訓」之機離開井上溫泉，這一個月的「文字」之苦剛解脫，又「令我寫書」，「心中十分難過，一夜未能成眠」。

冬去春來，「人面桃花相映紅」。趙一荻穿著自己織的毛衣，精美的圖案則是勤學苦練得來的。可以看出50年代毛衣的風格及樣式。

寫書對於軍人出身的張學良來說，真是「趕鴨子上架」，是一種無形的精神折磨，焦慮、煩躁、怨氣，終於使張學良脾氣爆發，廿八日一早「蠢性又發，在老劉處，大發牢騷。回來胡寫信……」見張學良情緒失控，趙一荻只能婉言相勸，劉乙光見狀不好也急忙苦苦勸說，這才使張學良慢慢平靜下來。

平靜下來的張學良，在一九五六年歲末，寫下這麼一句詩：「昨夜一陣瀟瀟雨，狂風吹去滿天雲。」

「自己在廊下看書」。已過「知天命」的張學良仍像一個「小學生」，讀書批注，定時休息，並列出作息表，克服自己的疏散缺點。簡陋的「書屋」頂上懸掛著一串大蒜。

「Edith 穿方格大衣於門口」。趙一荻這身打扮，似乎給人感覺是出門訪友歸來，實際上，只是為了照相不時換上新衣服或手袋，擺擺樣子而已。在大山之中，這樣著「正裝」，唯一欣賞的人是張學良。

1954 年 11 月攝於井上溫泉。背景是駐井上的國民黨看守人員住所（即派出所）。這一年，張學良受胃腸疾病的折磨，神情疲憊。初冬時節，大衣裹身。樹上由看守人員貼的慶祝「雙十國慶」的標語依舊醒目。山中夕陽，老者沉思……張學良在照片上題「自己穿短大衣，持手杖立於林間」。

小貓小狗都是張學良的「寵物」，閒暇之時，拿根雞毛逗小貓玩，也是一種樂趣。

「乖乖別打架！」小貓玩鬧，張學良按著一隻，輕撫一隻……本是一母生，「相煎何太急」。可以想見，如果沒有這些小生命相伴，張學良的幽禁生活該是多單調。

幫助 Edith 做年菜，又看她們糊窗戶，一天就這樣白白過去了。夜間想來這是不應該的，「一日閒過可惜」！余當勉之，余之最大毛病，沉不下心，缺乏經常的「經」字。我寫述的東西，已經耽誤了兩天，不要自己放假把（吧）！

——一九五七年一月廿七日

老劉下午六點許由台北返來。飯後談彼於五日下午五點總統召見，言所寫的《雜感》有價值、有貢獻，因為乃系歷史重要文件，叫我親筆寫一份。又鄭重說，如不到台灣，無此文，言外感慨！又說前日我上之函，加以編整，令我親筆抄寫，擬給諸高級將領參考。

——一九五七年五月十日

老劉下午返回，彼云〈恭讀《蘇俄在中國》書後記〉已交給蔣經國，僅云放在那裡，未說下文。包醫生覆函云：肺部如常，頭暈可能是眼睛看東西距離太近或過累的關係，偶爾吐一點血，如不再有，恐係鼻後腔小出血，無關係。

——一九五七年八月廿六日

早起散步，同老劉談搬家等事，決定將老杜留清泉，看照東西。我告他，我決心守儒家，研讀儒家。

——一九五七年十月十六日

早四點半起床。七點欠五分由清泉動手出發，到了竹東附近改乘轎車，九點欠五分過新竹。十一點許過大甲，停了一停，買了點水果，我買了幾本什（雜）誌。即走，十一點四十五分過西螺大橋，照了好些相片，一點四十五到了嘉義，在鐵道餐廳吃了飯，二點四十五由嘉義動身，六點許抵高雄。——一九五七年十月廿四日

十二　嘔心雜憶　告別井上

十月二十四日 星期四 氣候 晴 溫度 64 地點 由竹東至高雄

早四点半起床。七点六分由竹東動身，到了竹東附近改乘轎車，九点六分過新竹。十一点許過大甲，停了一停，買了点水菓，兩買了几本什誌，即走，十一点四十五分，過西螺大橋，照了好几相片，一点四十五分到了嘉義，在鐵道餐廳吃了飯，二点四十分由嘉義動身，六点許抵高雄。寓於西子灣，房屋寬闊，環境幽美，為廿餘年來最舒適的处所，只可惜已費去廿餘万，當此財光，我今日的身份，思來反感不安，總統的厚愛，余又不應矯情，惟有自奮自勉，期不負知人之深意。

提要

忙了一天，親自整理書房，分類書籍等。

十月二十五日

星期五

氣候 晴

温度

地點 高雄

Date November

十一月十五日 星期四

弋刘由台北返，晚飯散步后，特来余書房告我說：蔣總統曾于十三日单独召見他，面告他二事：不准收听中共的廣播，不許我同警衛人員接近。並問及我讀書身体等事，又詢及我之年齡，並囑看蔣經國寫的一本什麼書（書尚未交到）。余在中反覆思惟，深自內省，当痛下一番功夫，方不愧对斯人也。

我們祇論做甚麼事，祇要問心無愧，憑眞理去做，就是犧牲了，還是很榮耀。——孫中山

Whatever you do, do truth with a clear conscience. A glorious death is yours, if you for it fall. —Sun Yat-sen

Date November

十一月十六日 星期五

早飯后，到弋刘房中，彼有事，事畢彼來余書房。兩人又再詳談，問訊明白，余決心作一番自勵功夫，不要欺人欺己，作一个頂天立地大丈夫！死裡求生，改头換面，作一番復活功夫！主要的在(行)在(恒)。今天是十一月十六日，由此日起！永誓勿忘。

Genius is one per cent inspiration and ninety-nine perspiration.—Edison

張學良獨自在寓所外散步時，總會想起宋美齡勸他要「仰頭振作」。儘管有那麼多的「磨難」，東北漢子的血性與豁達支撐著張學良一路走來。

在張學良的桌上，擺放著一本深藍色的日記本。這是去年劉乙光從台北帶回，說是蔣總統親手交來的。蔣先生如何知道自己有記日記的習慣？為何送日記本？是否將來日記也要送閱？總之，從一九五七年始，在同一年，張學良的日記出現了兩個版本。

張學良在蔣送來的日記本的首頁上寫道：「蔣總統親手交與劉乙光轉來者，毅庵謹志，四五（一九五六）年十二月廿四日於清泉。奉命寫一本《雜憶隨感漫錄》送呈閱。」張學良以往的習慣，有事則記，無事就跳過去。而一九五七年的這本日記則每天皆錄，「感言」甚多，有讀報後的感想；有讀王陽明書的體會；有些「感言」似乎是自勉，又似乎準備給別人看的……這本日記還出現更多的是「無事可記」。

要完成蔣先生交代的「任務」，可不是一件容易的事。但張學良決定「專心寫那一本小冊子」。

往事不堪回首，「查閱一些零碎文字，以為我的寫作參考，使我十分傷感，真是不願想這些過去的事」。張學良以每天兩三千字的速度寫作，寫著寫著，有時就感慨萬千：「回憶往事，真的不好受，尤其是關於他老人家的死難經過，現在大仇已報，就是我孝道不全耳，心有愧焉！」一月九日：「〈我的父親和我的家世〉一章，初稿已寫完，約八千字。」一月十九日：「〈少年時代〉已經寫完未繕。這個星期一定要把其次一章寫完，如能寫兩章更妙。」為了加快進度，農曆新年都過不踏實：「這個月的預期工作，未能如意完成，又循過年，荒廢時光，心中總覺不大自在……須竭力寫述，期將早日完成為是。」有時寫著寫著，「寫到我父子情深，以及張輔忱對

我之提攜，不覺淚下，念當年年幼無知，今日報圖無由矣」！想到自己到台灣都十年了，沉浸往事，故鄉入夢……「客舍台灣已十霜，怵心日夜憶遼陽。何當共渡桑田水，痛飲黃龍踐故鄉。」豪情未減，英雄老去，春秋家國夢。

一九五七年四月十二日，「蔣總統所命寫述之件，已脫稿繕就，命名為《雜憶隨感漫錄》，裝訂完竣。」這份自述的「雜憶」，張學良寫了整整四個月，其間，前列腺發炎、發燒……張學良都未停筆。「此乃我從來沒寫這麼多的東西，雖然不完美滿意，但我竭盡力心矣。」

劉乙光將《雜憶隨感漫錄》及張學良的信，送台北交蔣經國。

五月十日，劉乙光從台北帶回總統的意見：一是要張學良將《雜憶隨感漫錄》重新抄一遍；二是要求張學良將「去年十二月十七日上蔣總統西安事變的覆函，改為《西安事變反省錄》，囑我親筆抄寫」。並言「擬給諸高級將領考」。劉乙光再三交代，「二事皆總統親告彼者」。抄寫這兩份材料，張學良整整用了兩個月的時間。

劉乙光將張學良繕寫的「反省錄」送至蔣介石，總統說：「留下我研究研究。」並交代說準備將張學良遷至「較近之處」，「但未言明地點，何日期」。這份原本是張學良奉蔣介石之令撰寫的西安事變之經過，是作為私人信函交蔣介石的，現在被蔣改為《西安事變反省錄》，還要求張學良親手再抄寫一遍。（這份資料後來流傳外間，變為《西安事變懺悔錄》。）

八月十二日，蔣介石、蔣經國又給張學良「布置」任務，要求張學良寫讀《蘇俄在中國》之

病癒後的趙一荻，添了幾分憔悴。

張學良和趙一荻接到搬遷高雄的命令後，負責看守「管束」張學良的一干人也一同轉往新的住所。在高雄途中的西螺大橋頭，張學良為與自己共同生活多年的「警方人員」拍了這張集體照，所有人都著軍服，手拎著大蓬帽，中間一位還拿著槍。

讀後感，並「把西安事加進去」，以便公開發表。《蘇俄在中國》一書是蔣介石著的。

八月初，張學良發現自己咳嗽痰中有血。「照X光，看了內科和眼科大夫。」從八月十四日至八月十八日，張學良花了五天時間寫完了〈恭讀《蘇俄在中國》書後記〉。

八月廿六日，劉乙光將該文送交蔣經國，得到的答覆是先「放在那裡吧」！

這一連串的「奉命之作」，總算都交卷了。張學良身心俱疲，想好好休息一下。搬遷之命早已下達，只因高雄西子灣的住所正在修繕，先要將行李整理好，陸續運走。一想到將要告別井上溫泉了，離開這裡熟悉的一草一木，熟悉的山間小道、靜靜流淌的小溪……中秋之夜，「在球場上賞月，唱留聲機，過了中夜方入寢」。畢竟張學良、趙一荻在這裡住了十年了！

一九五七年十月廿四日，張學良、趙一荻離開井上溫泉，重遷到高雄。「早四點起床，中午到嘉義，晚六點抵高雄，寓於西子灣的石為開的宅子。」相較前次遷高雄，居住條件好多了。「房屋寬闊，環境幽美，為二十餘年來最舒適的處所。」

蔣夫人派專人送來了家信及禮物，伊雅格送來的相機、電唱機、電熨斗、電被等，這些家用電器，在高雄可以派上用場了。

終於可以讓自己稍稍輕鬆些，在西子灣散散步，或將禮品回饋友人，寄照片給遠在美國的子女。一年多來，忙於寫作，前些年，莫德惠「中風」經搶救後已恢復，張學良常與之互贈禮品與書信來往……因一年未見張的信，來信表示深為掛念。現在得以喘息，朋友的信一一回覆。山中

這一年10月，張學良、趙一荻離開井上溫泉，驅車台南高雄。完成了總統的「奉命之作」，雖然沒有得到任何答覆，但搬到海邊居住，還是讓張學良心情舒暢。這是途經西螺大橋時留的影。西螺大橋四個字是陳誠題寫的。

歲月已成往事，舉目觀海，詩興頓發：「滄海在望，莫測高深；濤怒岳撼，靜浪如茵；輪航萬里，筏濟漁人；魚龍憑蹻，江漢歸心。」

聖誕節到了，張學良與趙一荻圍坐在宋美齡送來的聖誕樹前，發出了這樣的感嘆：「寂靜的聖誕夜過去了，雖然有那樣美的聖誕樹，而孩子們不能同聚，不覺歉然！」平安之夜，思念無限。

還有一件事，讓張學良心神不定。聽劉乙光說，蔣介石、蔣經國曾於十一月廿七日為檢閱大演習到高雄西子灣，原說兩星期內來看張學良，後來遲遲未能得到「召見」的音訊。是禍，是福？見了面又能說些什麼呢？最終得到消息，蔣未安排見面，已返回台北！

「這一年，又是這樣的過去了！白髮增，歲月短，嬉性不改，自慚，自慚，看明年如何？」

離開了井上溫泉，趙一荻的臉上多了些笑顏。攝於1957年10月24日赴高雄途中。

體育鍛鍊可以健身強體，打網球在50年代的台灣尚少見，也是一種「貴族化」的運動，被宋美齡稱為「紳士」的張學良終其一生喜好網球。

在球場上，張學良揮拍扣殺的情形。

宋美齡派人送來了聖誕禮包及聖誕樹，樹上掛滿了聖誕飾品。盤腿而坐的張學良在樹前發出了這樣的感嘆：寂靜的聖誕夜過去了，雖然有那樣美的聖誕樹，而孩子們不能同聚，不覺歉然！

對於遠在大洋彼岸的親人，思念之情如聖誕樹上的彩帶，扯不斷，理還亂。團聚之夢始終縈繞在母親趙一荻的心頭。

吳媽是張學良與趙一荻身邊唯一的「親人」。這位當年清華的女校工，丈夫早年去世，留下兩個兒子，為了養家，經人介紹給趙一荻，幫助照顧「寶貝」閭琳。從那時起，就一直跟隨、陪伴著張學良、趙一荻從貴州到台灣，忠心伺候、生死相隨，患難與共。

著夏裝的趙一荻，總能依靠自己的巧手，縫製出讓張學良眼前一亮的衣裙。

1956年，蔣介石命令張學良寫「西安事變同共產黨勾結經過」的文章，這讓張學良「前思後想」，不知由何下筆。

1956 年，張學良在大溪公園復興亭前留影，相距不遠就是蔣家的別墅。張學曾託人想見蔣介石一面，卻無下文。

Edith 在大溪公園。

晚飯後，大雨一陣，爾後全夜雷雨。從我們到高雄以來這是第一次透雨，日來旱象已成，農工皆盼雨，「好雨知時節」。唯余不能賦喜詩也。

——一九五八年三月廿六日

早七點五分，由西子灣出發，在彰化八卦山招待所午餐，下午六點許抵台北寓於北投（陽明山，中心里）幽雅招待所。連日Edith 性情拘滯，放不下，大為氣忿（憤），叫她休息，不聽。收拾行李，布置房間，鬧個不休，爾後因眼痛未作記。

——一九五八年九月四日

十三 總統召見 管束依舊

Date October

同蔣經國初次會見：早九

点蒋经国来寓回访，

相谈之下，甚为欢畅，我谢他

多方的關怀，並道及我很

想望一望老先生以慰多年

的想念，並說明我之希望，富

貴於我為浮雲，惟一想再一睹

故土耳。彼頻頻问到起居飲

食，我答以為今我之居处，已使

我十分不安，並非矯情，乃现

在的我，不應享此優荣也。彼

He who has not forgiven an enemy has not yet tasted one of the most sublime enjoyments of life.
—Lavater

十月十七日　星期

未曾寬恕敵人，不知世間之眞樂。
——利華朵

Date May 五月十七日 星期六

晨十时许 蒋夫人突临寓所（她为招待伊王同总统来了台北）约谈半小时离去；告余 她将去美，嘱余写家信，拜见，又巡视各房间，送了余好些糖食和鲜花。余向她陈述余现在的观感，对于名锁无所希求，但仍愿为人类和国家在有限的余生，再有所贡献，有罪之人，受此优待，对于抗战期间有劳绩之将领，应

眞正的友誼如健康一樣，到失去時才覺得可貴。
——英國諺語

True friendship is like sound health, the value of which is seldom known until it be lost.
—English Proverb

Date

总统你老了！总统也说你头秃了！老先生的眼圈也湿润了，相对小为沉默。此情此景，非笔墨所能形容。我恭问 总统身体安好，精神、饮食如何？总统答曰：都好。总统问我，眼病好些否？余详答眼疾近情。又问我近来读些什么书？我答两三月来因眼疾，未能看书。自从到了医院以后，我专看论语，我很喜欢梁任公

月　日　星期

死不足憂；所憂者，死而無益於世。
——王船山

Death is no cause for sorrow; sorrow that one dies without benefit to the world.
—Wang Chwan-shan

Date November

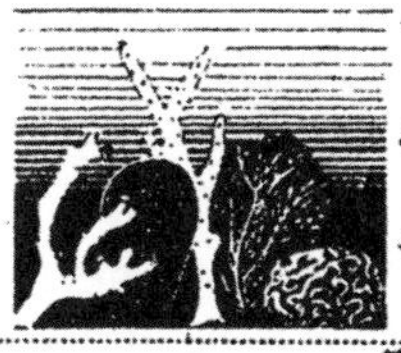

總統召見，下午兩点，老刘通知我三点 總統在大溪召見，三点一刻蔣經國派車來接，我同老刘同乘，約四点三刻抵大溪，先在一空軍上校家中候等，約十餘分鐘，總統已到，蔣經國同老刘來会同至 總統行轅，我將到客所，老先生親自出來，相見之下，不覺得淚從眼出，敬禮之後，老先生進入他的小書齋，我說

十一月廿三日 星期

（岳軍、

勇於求真，勇於赴義。——威爾遜

Dare to do right! Dare to be true! —W. Wilson

Date

送我至廊外，使我非常的不安，總統止步，乃招呼經國先生送至大門之外，總統對我太客氣，使我真不能受用。經國先生引進時，我對他握手感謝，此番召見，乃是他的~~[illegible]~~[illegible]從中力量。經國請他將南下到高雄再會，並說開放北投的住所，以后則可在生活。侍衛長　　親到門外送。乘原車六點半返抵寓所。

月　日　星期

共談話約半小時

吾愛勇敢者，奮戰無畏葸；希望雖已滅，信心總不移。

——惠勒

I like the man who faces what he must,
Who fights the daily battle without fear;
See his hope fail, yet keeps unfaltering trust. —J. Wheeler

Date

问所知道的有些什么
人吗？我说，我同那些人，十
数年来，已断绝音讯，所以不明
白那些人都那裡去了。谈话时，
赐以茶点。我向总统，我应
该看些什么书？总统说：大学，
和阳明传习录很好。总统说
西安之事，对於国家损失太大了，
我闻之甚为难过，低头不能仰
视。总统又言，系到了旅，我们
再谈。我立起辞行，总统亲自

Without entering the tiger's den, how can you get its young?
—Books of Han-Dynasty

月 日 星期

不入虎穴，焉得虎子？
——漢書

1957年上半年，張學良每天都忙於寫作。呈上「蔣總統」信被命改為《西安事變反省錄》，還要求張學良親筆重抄一遍。緊接著又是《雜憶隨感漫錄》和《蘇俄在中國》的讀後感。這些「奉命之作」讓張學良幾度情緒失控，劉乙光便安排外出遊玩。這是張學良遊青草湖時的留影。

西子灣的日出日落是美麗的，輝映著日漸衰老的張學良，他常常漫無目的地到海邊觀潮漲潮落，靜靜地諦聽……

一九五八年五月十七日，宋美齡突然來到西子灣張學良住所，張學良毫無心理準備，顯得有些措手不及。急忙同趙一荻與之相見，這是宋美齡第一次見到趙一荻。自張學良遷台後，宋美齡始終與之保持著密切的聯繫，可在信函中只提「鳳姊姊」及子女事，幾乎未提及趙一荻。大家寒暄之後，宋美齡巡視了各房間，送了糖果及鮮花，並告訴張她將去美國，趕緊寫家信。兩人談了約半小時。張學良講述了自己的想法：「對於名祿無所希求，但仍願為人類和國家，在有限的餘生，再有所貢獻……」並提出想見見總統。「今天看見夫人，我十分快活，但又悲傷。」宋美齡說：「你從來是一爽直之人，你的話，我一定轉達。」

宋美齡的到訪，使張學良心緒漸漸平靜，與趙一荻同遊覽了美濃中正湖、旗山中山公園……。

七月的高雄，正值盛夏，海邊消夏，遊人如織，張學良遊玩歸來後，發現自己眼睛一連好幾天看不清東西，尤其左眼看物變形且有黑點移動，經檢查為「中心性網膜炎」。

宋美齡去美國了，托「蔣夫人」轉達的「求見」，沒有動靜。八月二日，張學良在報上看見一篇周鯨文的談話後，找劉乙光商量，想請劉乙光到蔣經國處探聽提出寫迎合高峰的文章，「聽說老先生要南來，想趁老先生在西子灣呈上去」。劉乙光聽罷，自然很高興，說：「如果能寫的話，那早就是高峰的意願，不必探詢，一定讚許的，不過高峰不願出諸命令而已。」

張學良在不停地「寫作」，許多章節都是趙一荻幫忙繕寫。出遊青草湖，讓趙一荻也得到放鬆的機會。

張學良希望通過這篇文章讓「老先生」看到他的思想已「有所改變」。這篇文章定名為〈坦述西安事變痛苦的教訓敬告世人〉，交劉乙光廿八日送往台北，同時給台北包醫生去信，講述自己眼疾治療的情況。

九月二日，劉乙光從台北歸來，告訴張學良他見了蔣經國，將信件送上。並向蔣經國匯報了張學良的「轉變」。張學良對自己過去寫的東西不滿意，因為過去對「共匪」的認識未到時候，最近又看到了周鯨文的談話，自己決心寫了這篇東西，「但在文詞上仍不滿意，如加以修正，是所希望」。並匯報了張學良的病。

「已在高雄醫院醫治了一個多月，未見進步。」蔣經國看完這篇文章後，召見劉乙光，告之「所寫的東西，他已看過，甚為感動！已呈老先生矣」。張學良從不願意寫回憶文章到「主動請戰」，在蔣經國看來是「大有進步」。經上報總統同意，令張學良「移台北醫治眼疾」。

一九五八年九月四日，張學良、趙一荻驅車縱貫台島遷回台北，晚六點住進北投幽雅招待所。因眼疾無法寫東西，這讓張學良解脫了。看病之餘，由趙一荻或劉乙光家人陪著四處走走看看，遊遊觀音山、金山、鯉魚山、碧潭，拍了許多照片。

中秋節將至，台北的友人紛紛送來禮品，在眾多的禮品中有蔣經國夫婦送的「紅葡萄酒兩瓶，月餅兩盒」。

十月十七日，在北投幽雅招待所，迎來了一位客人——蔣經國。這是張學良與蔣經國的初次

1958 年 10 月，張學良與蔣經國在台北初見面，蔣經國對張學良說：「如感寂寞，可以出去遊玩。」10 月 19 日，「雇了一輛旅行車遊金山，經陽明山、七星山到金山」。這張照片攝於金山標牌前，左起劉乙光、吳媽、劉乙光夫人、趙一荻、劉淑慈（劉乙光女兒）。

見面，過去互相都不陌生，但「無緣」見面。在日記中，張學良記下：「早九點蔣經國來寓過訪，相談之下，甚為歡暢……並道及我很想望一望老先生，以慰多年的想念，並說明我之志望，富貴於我如浮雲，唯一想再一踐故土耳。」

蔣經國並未正面回答，「頻頻問到起居」，說「如感寂寞，可以出去遊玩，並要派電影來賞閱」。但張學良「力辭」。分手時，大家一起合影數張。

也許是宋美齡、蔣經國均將張學良求見的「要求」轉告了總統，但更重要的是，張學良送來的文章已表明張學良的思想「大有轉變」。

蔣介石終於答應安排時間見張學良。

十一月廿三日，劉乙光通知張學良，下午五點，總統在大溪召見。「三點一刻，蔣經國派其車來接」。張學良與劉乙光同行，約四點多到大溪，等了十分鐘由蔣經國、劉乙光陪同進入總統行轅客廳，相見之下，敬禮之後，一同進入小書齋。

「總統你老了！」「你頭禿了。」兩人「相對小為沉默」。兩人再次相見，一晃二十多年過去了，經年累月的「管束」，往事如煙，恩仇糾纏……此情此景，非筆墨所能形容。

張學良先是「懺悔」了一番，表明自己認識的「提高」，接著談了自己的讀書計畫，希望老先生推薦「應該看些什麼書」，並能請教「有道之士」一同讀書，蔣介石推薦了「《大學》和《陽明傳習錄》很好」。談話中，蔣介石仍不時提到「西安之事，對於國家損失太大了」。

張學良在金山觀海。只要有機會，張學良總喜歡到海邊遠眺，海之盡頭天作岸，海的東邊有他的兒女，海的西邊是他的老家。心潮逐浪，牽掛無限。

趙一荻在金山海濱。隨後一行又到了台灣的最北端石門。在石門野餐後，沿海濱路返回。途經富貴角時到附近參觀攝影。

張學良「聞之甚為難過，低頭不能仰視」。看來蔣介石一輩子也不會忘記「西安事變」，即便張學良已付出二十餘年的「管束」時光。

兩人談話僅半小時，大多是張學良陳述自己的想法，蔣介石僅簡答之。蔣希望張學良「好好讀些書反（返）回大陸，你對於國家，還能有重大的貢獻」。絲毫未提關於「解禁」或「恢復自由」的字句。

蔣介石的「召見」，只是想聽張學良的想法，管束生活依舊。張學良可以感受到的是，這一段，蔣經國頻頻召見劉乙光詢問情況，「此番召見，乃是他的從中力量」。……看來「子承父業」，自己要接受經國老弟的管束了。

聖誕節前，蔣經國派專人送來聖誕賀卡及酒與香水各一瓶，張學良回贈一部蜀刻（明版）的陳壽《三國志》及女睡衣一套。讓張學良沒有想到的是，十二月廿四日下午七點，收到由情報局轉來「蔣夫人由美來的家信、照片等」。為了能讓張學良在節日裡看到家信，情報局的人說：「蔣夫人曾有電報限該件必須在聖誕節時送到。」

1957年初，劉乙光奉蔣介石之命，要張學良撰寫回憶錄（即《雜憶隨感漫錄》），張學良每天「寫兩三千字，回憶往事，真的不好受」。2月2日，天氣晴朗，張學良、趙一荻與劉乙光一家遊新竹青草湖，在福嚴精舍「小坐並午餐」。演培和尚等人相陪，張學良為大家拍了合影。從這張照片可以看到，劉乙光及家人站在前排，趙一荻（後右三）、吳媽（後右六）都立於後排。「主僕」界限，何等分明。

1957 年 7 月，張學良的大作《雜憶隨感漫錄》寫完後，由劉乙光送台北。難得偷閒時光張學良為趙一荻在清泉第二號吊橋前拍照，四十多歲的趙一荻已略顯「發福」。

1957 年的張學良一直忙於應付他無法忍受、沒完沒了的「奉命之作」，但他也在思考如何讓蔣介石認識到自己「有所轉變」，這樣可以得到更多的「自由」。吊橋下的張學良可能正在思索「路在何方」。

遊玩的輕鬆心情，讓張學良暫時忘卻了寫作的痛苦回憶。

趙一荻與張學良的「默契」，在於同一場景，兩人取景角度相同，每個景點大致是一人一張。

這是張學良難得的一張笑臉，也許是「奉命之作」都已完成，已接到命令，準備遷往台南高雄。張學良的臉上刻滿了時光的年輪。他已成為山中的一棵「老樹」。

趙一荻在貯木場。現在已很少能見到如此大的樹木，這讓人想起當年台灣森林蓄材量之大。

早，蔣經國來寓所，表示餞行，稱彼將出行，特來致候，十分客氣。並囑返高雄，可外出遊玩遊玩以遣悶。並言到高雄將再來看我。

——一九五九年三月十七日

昨夜台北專人送來蔣夫人信一件，附家信、伊雅格信和照片，燈一架、糖一盒、英文雜誌十五本。老劉今晨交來，我立即回信；致蔣夫人謝信，問候欠安。致家信附相片和孩子們的小物品，伊雅格購物信，交來人帶回。

——一九五九年七月四日

早，于伯材交來蔣夫人節賞；夾克、寒暑表、放大鏡、糖果、聖誕樹。蔣經國夫婦送電剃刀、香水、糖果兩盒、張局信一件、洋酒兩瓶。余上蔣夫人謝函一件附老劉函寄台北。

——一九五九年十二月廿四日

十四　安排家事　夫人操心

Date June

六月十六日 星期一

总统今晨驾诣西子湾官邸。下午刘来告：总统将彼唤去，简询彼之近况并身体情形，彼答以近日眼疾又犯了，但已医好。经国同彼谈的多些，并云此行可能不来看彼，并嘱备汽车一辆。

健康爲第一財富。

The first wealth is health. —Emerson

Date March

三月廿日 星期

张局长来寓送行，畅谈毛匪与俄寇间的矛盾问题，张局长认为本月内不会有军事大变化。

Date March

三月廿一日 星期

早六点由台北起身南返，约一点许在嘉义午餐，下午四点半抵西子湾寓所。

Date Dec.

十二月廿四日 星期

于伯林由台北返來，示到官邸游秘书函一件附 蒋夫人聖誕節礼：夹克一件，寒暑表，放大鏡，巧克力糖一大盒，聖誕樹和飾物三盒。蒋經國先生節礼品四色：糖果兩盒，電剃刀，香水。張局長函件附洋酒兩瓶。余致 蒋夫人的賀年卡則封呈。

真正有教養之人，是能夠自我教育的人。——本奈特

The only really educated men are self-educated. —J. Bennett

Date July

七月廿五日 星期五

早九点，宫邸派车来接我，说蒋夫人召见，十点许到阳明山官邸，同 蒋夫人长谈；曾谈到金子事；间接问国事；吴鸿弋杜事；她问我在美有多存少存款事；临行她说我的问题，时间还要久啊，我须要有忍耐。我人一切，都是上帝的安排，愿我多作祷告。

民有、民治、民享之政府，必能永遠屹立於世界

That government of the people, by the people, for the people shall not perish from the earth. —Lincoln

山清水秀，靜默無語，張學良的內心並不平靜。「上峰」有交代：「不准收聽中共的廣播，不許同警衛人員接近。」張學良在日記中寫下「寡言，讀書，默思」。

經過台北醫院的治療，張學良的眼疾已基本痊癒，重新配了眼鏡。遂決定返回高雄西子灣。一九五九年三月十七日，蔣經國前來送行，談了半小時離去。三月廿一日，張學良動身南返，晚四點半抵西子灣寓所。

遠離台北，張學良的心境稍好些，眼疾仍時好時犯，「只看到0.2，但是用中距離的眼鏡可以看到1.0」。「連日眼疾復發，不能讀書，悶！」更大的鬱悶是，無期限的「管束」，一想起這些，張學良臥床難眠，便「胡亂謅詩」：「願起高樓鑄曉鐘，力不逮兮眼朦朧。淚墜濤中空自去，如何流得到遼東。」台北的林大夫托人寄來了藥品，並告之多服用維他命，張學良的眼疾才有所好轉。五月，蔣介石與蔣經國同來高雄，他們的住處與張學良寓所相距約兩百公尺。蔣經國派人送了一輛車，並說「此行可能不來看」張學良。

張學良從報上得悉，宋美齡六月下旬已從美國歸來。久等不見「蔣夫人信件」，以為無家信來，便去信于鳳至「責其蔣夫人回國，不寫信來」。殊不知，宋美齡回台時，在浴室不慎摔傷，故遲遲未來函。

七月四日，張學良收到從台北寄來的東西。宋美齡聽說張學良視力不好，專門從國外帶回了一種可調各種角度的台燈。信中信：「這種台燈，我在美國也有一個，非常好用……」

宋美齡這次美國之行，見了于鳳至三次，還到了于鳳至在美國的家，參觀了花園。「我也見到你的孫兒、孫女，他們聰明有禮。」「臨行前，我們在子安家吃晚飯，鳳姊姊和閭玗也在座。」

散步時帶著書，走累了，坐下看一會兒書。這是張學良的習慣。在日記中又將自己所思記下：「不憂不懼，不嫉不恨，樂天知命，海闊天空。」

並告之伊雅格兩周後會來台灣。張學良高興之餘，忽想起前信責備于鳳至，趕緊又書一封向于鳳至道歉的信，立刻託人寄台北轉。

七月十九日接到台北電話，說伊雅格到台北，讓張學良、趙一荻同行北上。廿一日上午，由宋美齡的秘書陪同伊雅格等人到北投幽雅招待所，主要商談張學良在美的錢款事。

廿五日上午九點，宋美齡派車將張學良接到陽明山官邸，兩人作了一次長談。「談到金子事；閭瑛回國事，吳媽老杜事。」還問張「在美有多少存款」。宋美齡詢問的都是張學良的家事及錢款的安排。臨行前，宋美齡看著張學良，好一陣才說：「你的問題，時間還要久哪！要有忍耐，這一切，都是上帝的安排……」

什麼時候能讓張學良恢復「自由」？宋美齡準備讓「上帝」做出安排！現在，她只能從生活上盡力提供幫助，她勸張學良「多做禱告吧」！

但上帝是否能告訴張學良究竟要被「管束」多久呢？

八月廿六日，張學良、趙一荻返回高雄。

這一年間，張學良來回奔波於台灣南北，該見的人都見到了。雖然他的生活條件日漸改善，「自由」的程度也日漸擴大，遊覽的地點也日漸增多，但他渴望「自由」的念頭，永遠被擠壓著。無論他走到哪裡，看似「前呼後擁」，實際上是一張無形的網將他牢牢罩著……

所有的抗爭，似乎都找不到對手，他只能用忍耐豁達、苦中作樂的心態來應對。宋美齡的關

在張學良身邊，趙一荻不僅擔任了「秘書」角色，還學會了「打針」。張學良生病時，趙一荻總是寸步不離守護著，醫生診病離去後，「打針」就交趙一荻辦。張學良在日記中有「今早由 Edith 給我打了一針，打的（得）很好。燒是完全沒有了」。

心讓他得到安慰，宋美齡的坦言，使他更加迷茫。宋美齡指點他走出人生的「苦海」，是到基督上帝那裡尋找心靈的歸宿。過了很長時間，張學良已成為虔誠的基督徒，才明白這也是「蔣夫人」的精心「安排」。

已是人到中年的趙一荻，在幽靜如畫的風景中，更襯托出她的優雅與嫻靜。

1958年2月，張學良在台南遊孔廟。在日記中寫道：「規模在台灣論可稱不小，猶其意義宏深，其形勢建築，比之內地，小巫見大巫也。」隨後拜謁鄭成功祠，寫下弔詩兩道：

（一）孽子孤臣一稚儒，填膺大義抗強胡。半功豈在尊明朔，確保台灣入版圖。

（二）上告素王去儒巾，國難家仇萃一身。若使蒼天多假壽，管教歷史另翻新。

「上峰」令張學良寫回憶錄，張學良「十分傷感，真是不願想這些過去的事」，「奉命之作」又不能不完成，真動手寫作時，張學良慨嘆：「提筆忘字，書到用時方恨少。」

趙一荻在高雄西子灣家中。

張學良在西子灣寓所前，舉目觀海，詩興頓發：「滄海在望，莫測高深；濤怒岳撼，靜浪如茵；輪航萬里，筏濟漁人；魚龍憑躍，江漢歸心。」

趙一荻在西螺大橋碑記前。微風輕撫，一路走來，趙一荻有些累了。

趙一荻在西子灣住所院門前。

張學良、趙一荻在高雄西子灣的新居。條件比過去好多了。房屋寬闊，環境優美，但一扇厚重的大門仍將他們與外邊的世界隔開。

早六點由高雄動身，十二點抵彰化，在鐵路飯店午餐，下午五點廿分抵北投，仍寓幽雅招待所。

——一九六〇年四月八日

早九點四十五分，同 Edith 及劉氏夫婦到董大使寓所。Edith、劉太太、老劉同董夫人到榮民醫院作禮拜。十點五十分我同董大使到士林禮拜堂作禮拜，由盧牧師祺湊講馬太福音十六、十三，說明磐石和鑰匙之真諦。十一點卅分許禮拜畢，總統返出時，夫人特向余個人握手，使得眾人注目……

——一九六〇年六月五日

中午十二點半，經國來寓共餐，關於蓋房問題交換意見。請老劉約張炳華，彼談尚未奉到，不便會談，日內得到指示，即來我處。

——一九六〇年六月廿八日

夜十點，夫人差游秘書上（送）來聖誕卡，余與 Edith，並兩人的禮物。余致游秘書聖誕禮一包，面交給他。

——一九六〇年十二月十六日

十五　信奉基督　教堂亮相

Date June

六月廿六日 星期二

中午十二點半經國兄來寓共餐，余詢彼有否腹案，答無，只說彼願同我看一塊地並派人打圖樣建築之，余再詢之有無腹案，答無，余云如無腹案，讓我自己來處理吧。彼飯畢，余促去，因甚忙，二人未能暢談。請式剛代約張炳華會談，張云未奉到指示，如有指示，必親來寓所。

未嚐艱苦的人，不懂得甜蜜的滋味。
——德國諺語

He who has not tasted bitter knows not what sweet is.
—German Proverb

Date *June*

六月廿日 星期一

下午六点，漾秘书来云蒋夫人召见，余闻此即立即到阳明后山官邸。夫人告知令我自己选一块地，自己建房，说明这是我自己的事。大房小房皆可，地点台中、大溪、角板山皆可，余答以愿在阳明山区居住，夫人说阳明山太潮湿，夏不宜冬，可另选他地。余询可否同经国一谈。答可。 余立即告知董大使，彼十分欣快，促余立即进行。

經驗乃苦難的結晶。——丹麥諺語

Experience is the extract of suffering. —Danish Proverb

Date

送酒一瓶，衣料一件；張局長送花籃一個，水菓一籃，咖啡兩听。美大使請我作一禱告，余又一作演講，表明不應受壽及謝他們的好意。經國之弟十分誠懇，招來胡學賢攝影，大飲花茶，飯後又至溪水參觀彼之別墅，十二點方返寓所告別。

月　日　星期

逆患激發天才，幸運適足將其湮沒。

——賀拉西

Adversity reveals genius; fortune conceals it. —Horace

Date June

早九点四十五分，同Edith及刘氏夫妇到董大使寓所。Edith，刘太太，老刘同董夫人到荣民医院作礼拜。十点五十分我同董大使到士林礼拜堂作礼拜，由盧牧师祝沃講馬太福音16·13，说明磐石和鑰匙之真諦。十一点卅分许礼拜畢，總統返出時，夫人特向余個人握手，使得众人注目。總統去後，余向岳軍敬之握手致意。董大使向我介紹周企虞，余耳聾听不明何人，到

Don't be weighed down with misfortune. —Messey

六月五日 星期日

勿爲不幸而沮喪。

——馬息

現代中國大地圖

宋美齡在告知張學良「自由」無期限的同時，更加地關注並安排張學良的「家事」。

一九六〇年一月十七日，宋美齡趁陪南越總統吳庭艷來高雄參見之機，到西子灣張學良家中，一同商量一件件「家事」：在美的存款如何管理，請誰來陪讀，有關趙一荻與鳳至的事……宋美齡推薦董顯光來陪讀。

二月二日，這位曾任國民黨駐美「大使」的董顯光帶著夫人、女兒一同來到高雄。張學良設宴招待，「相見之下，歡悲交映，彼此同感」。董顯光是位虔誠的基督徒，其學識、英文水準、外交才幹深得宋美齡賞識，同時也是宋美齡派來的「精神」教師，引導張學良信奉基督……。

張學良在二月九日的日記中寫下：「今晨開始禱告。我求上帝堅定我的信心，掃除我的懷疑，我求基督耶穌幫助我來堅定信心。」從研讀明史到研究佛學，從不讀《聖經》到「求上帝堅定我的信心」，僅用「走錯路了」就能解釋嗎？最主要的因素是，宋美齡信基督教。

董顯光的到來，使張學良的「伴讀」生活，增添不少內容，研讀《聖經》，學習英文，探討研究教義的感想，對張學良來說，一是有了可聊天的伴，二是多了一條與宋美齡聯繫的途徑，董顯光是可以直接見到宋美齡的。

四月三日，董顯光從台北回到高雄，夜裡到張學良寓所，送來宋美齡的信與書，轉達宋美齡的意思，有意讓張學良搬到台北，說「她對我（張學良）甚為關心」。

很快，劉乙光通知張學良，「奉蔣（經國）副秘書長命余遷居台北，說明係蔣夫人的意思。

西子灣家中，牆上掛著「現代中國大地圖」，茶几擱著蔣介石半身像，是宋美齡送的。從張學良查看地圖的位置，似乎是在找西安？

張學良、趙一荻於 1957 年搬至高雄西子灣，因眼疾到台北就醫，北投幽雅招待所是他們的臨時住所。這個招待所屬於安全局。眼疾復發，不能讀書，張學良只得謅詩自慰：「願起高樓鑄曉鐘，力不逮兮眼朦朧。淚墜濤中空自去，如何流得到遼東。」

言多帶東西，不能再返高雄」。劉乙光仍是以命令的口吻：「即刻開始整理行裝，訂八日起程。」

一九六〇年四月八日，帶上所有的行李，大包小包，一行人早六點動身，下午五點到達台北，「仍寓於幽雅招待所」。在張學良即將六十歲之際，終於搬遷到台北了。從井上到高雄再到台北，整整十四年的來回奔波。如果是一個性格內向，心胸狹窄、神經脆弱的人，恐怕早垮了，而生性好動、喜歡熱鬧的張學良能在苦中尋找樂趣，依舊活得硬硬朗朗。

五月三十日下午四點，宋美齡突然再次光臨，張學良「倉皇出迎」。「夫人再三詢問寓所如何，並至臥室小坐。」宋美齡要張到「其私人禮拜堂去作禮拜，並令Edith也同董夫人將至另一禮拜堂去作禮拜」。將兩人分開到不同的教堂作禮拜，後來，張學良才明白宋美齡的用意。

第二天，就是張學良六十大壽。五月三十一日晚十點半「蔣經國老弟（互約稱兄弟）向董大使夫婦來為我設筵祝壽」，下午就收到宋美齡送來的生日蛋糕，晚上又收到這麼多的禮物，張學良眼含淚花，禱告之後，表示「不應受壽及謝他們的好意」。飯後，又一同去參觀蔣經國的別墅，「十二點方返寓所告別」。

幾天之後，台北士林禮拜堂一幕，讓張學良永生難忘。他終於回到眾人的視線之中……。

一九六〇年六月五日，通知張學良、趙一荻作禮拜，按照宋美齡的吩咐，張學良與董顯光到士林禮拜堂。這棟禮拜堂是蔣宋夫婦時常光臨的，被外界稱為「私人禮拜堂」。每逢作禮拜，這裡總是匯聚了眾多國民黨高層人物及元老。每次作禮拜，都是所有的人先到齊坐下，等著蔣、宋

趙一荻在教堂門前。趙一荻是一位虔誠的基督教徒，在她內心深處，最祈盼的是：福音降臨，家人團聚，她祈禱著，默默等待著……

到來後，講台上的牧師即開始布道。張學良與董顯光是等前排的人都坐齊了，約十點五十分才進入，悄悄坐在最後一排。十一點三十分禮拜畢，蔣、宋起身一同先緩步退出，宋美齡邊走邊與眾人打招呼，走到最後一排時，忽然向張學良伸出手，這一舉動，讓所有在場的人將驚訝的目光投向——張學良將軍，與夫人與握手的是張學良！「失蹤」多年的張學良第一次出現在眾多老朋友的面前，讓所有的人「驚呼熱中腸」。

蔣、宋離去後，張群、何應欽等紛紛上前祝賀，有的老朋友報上名字，張學良左右端詳竟不認識，再一細看，「驚已容改，非言不識矣」。

後來，張學良體悟到宋美齡的用意，信奉基督，以作禮拜的方式，順理成章地讓張學良「露面」，在公開的場合，以握手的方式將張學良推到眾人的面前。

「夫人深情，岳軍（張群）之誼……使我沒齒難忘。」去禮拜堂作禱告，聽布道，能讓張學良感悟上帝無所不在，同時也使張學良愉悅。每次作完禮拜，都會碰到許多老朋友，暢敘舊誼，從大家的關心問候中，張學良感到嚴密的藩籬在一點一點鬆動。

諸多的老朋友，似乎也體悟到了這一點點的變化。伊雅格可以時常到家中商談，王新衡夫婦常來拜訪及一同進餐，有時在王新衡家中請客，蔣經國亦攜孝文夫婦參加。莫德惠聞訊也來拜訪，「暢談到十一點半離去」。他們倆保持了近三十年的交往，在張學良最困難時，莫德惠不辭辛勞，前去探視，往事依依，不堪回首，大家為能再見面而慶哉幸哉！

趙一荻在台南安平港。張學良遊覽此地後，大為感嘆：「不覺有滄海桑田之感，昔日小島，今日陸地矣。」

張學良、趙一荻一直住在台北幽雅招待所，來往客人一多，總不是長久之計。

六月廿七日，宋美齡派游秘書請張學良到陽明後山官邸。宋美齡一見面就說，你要自己選一塊地，自己建房，這是你自己的事，大房小房皆可，地點台中、大溪、角板山皆可。宋美齡的用意是，買地建房，這樣就有了屬於張學良自己的家。

張學良說，想在陽明山區居住。宋美齡認為「陽明山區太潮濕，宜夏不宜冬，可另選他地」。在台北買地建房，對於張學良來說不知從何著手，便問這事「可否同經國一談」？宋答「可以」。張學良返回立即將消息告之董顯光，皆大歡喜，董顯光催促這事要「立即進行」。

張學良第二天見到蔣經國，商議此事，因兩人均無準備，商議半天無結果。「讓我自己來處理吧！」張學良決定先在「天后宮山上，購民宅，小為改建居住」。正準備去看地形時，遭到劉乙光的激烈反對，並責備張學良為何此事不讓蔣經國去辦。言外之意，看什麼地，必須請示蔣經國。這把張學良弄糊塗了，因為劉乙光剛見過蔣經國，這件事張學良自己是不能做主的！

沒辦法，只好告之蔣經國一起重新挑選地點。

台北的七月，濕熱蒸人，張學良不時約人同去看地，直到七月廿三日，「看了——奇岩山地和洪蘭友原宅」比較滿意，再請蔣經國看後，「決定購地建房」。八月三十一日，經測量土地，為一千兩百餘坪，「地價十分公道」，報告蔣經國後，「同意該地，囑余進行」。交了地價款，請來了陸根記的工程師設計圖紙。這是張學良、趙一荻在台北屬於自己的第一個家，建築圖紙自

高雄市一軍事要塞，趙一荻的旁邊就是水泥的碉堡。

無論搬到何處，張學良總是將他栽花種草的習慣帶到那裡，這是張學良在西子灣的院子裡澆花。

然傾注了張學良的心血。

一切就緒，預付了三十萬的支票，十一月四日，星期五，「復興路的房子今日動工」。

1958年6月，張學良、趙一荻遊旗山和美濃，「在美濃中正湖亭子上吃野餐」。餐後為趙一荻留下這張「人在畫中」的照片。

張學良在彰化八卦山招待所前。

趙一荻在台北北投幽雅招待所前留影。

張學良往返台北—高雄的途中，在八卦山招待所午餐後的留影。身後是國民黨軍人，正在交頭接耳，好奇地看這位「傳奇人物」。

金山位於台北市北面，當年的公路如此簡陋，公路兩邊是村民民居與田地。張學良已搬至台北市郊，田園風光及民居讓張學良感到如此熟悉親切。

張學良、趙一荻一行遊碧潭、烏來。這是趙一荻在烏來風景區的留影。烏來遊人較多，邊上的女孩是著山地居民的服裝，背景是烏來瀑布，左邊小茶舍，有賣茶水、汽水、冰水。

1958 年 11 月 9 日，張學良、趙一荻、吳媽與劉乙光一家，遊台北碧潭。大家乘船遊覽了碧潭，船上午餐後在橋頭一起合影。趙一荻的左邊為吳媽，右邊為劉乙光夫婦，餘為劉乙光的孩子們。

1958年10月，蔣介石召見了張學良，認為他已有「轉變」，準備讓他從高雄遷往台北。此後，有關張學良的事情都由蔣經國負責。這一段時間，張學良經常四處走走，「管束」稍稍放鬆了。這是張學良在碧潭前觀看，似乎想知道潭水究竟有多深？

張學良與趙一荻一同到汐止靜修庵謁慈航墓。趙一荻在庵門前的石板上留影。

中（下）午一點半，經國先生來寓，董顯光同來共午餐後，同去看建地。下午三點，劉家同陸根記談好，星期四房子開工。

——一九六〇年十一月一日

寫給蔣夫人的謝信並述聖誕夜的感懷，交老劉送官邸。

——一九六〇年十二月廿六日

十六 台北購地 營造新居

Date

整個不認識他了。過去禮拜堂，余等上車待行，見何敬之已去，岳軍在園中，余隨下車與岳軍再握談，彼此驚歎。周念実自言我是Elephant我才記起，驚已容改，所以言不謬矣。故人深情，岳軍之誼，Holliston之李，使我沒齒難忘。中午在董宅便餐。

月 日 星期

吃得苦中苦，方爲人上人。

——中國諺語

If you wish to be the best man, you must suffer the bitterest of the bitter. —Chinese Proverb

Date June

六月廿七日 星期五

下午六時偕秘書親自送蔣夫人所賜枇杷一盆，桃一盒。余並即去一中文函謝交偕秘書。

No pains, no gains. —French Proverb

不經痛苦，不能有成就。——法國諺語

經歷了二十餘年「幽禁」的張學良，從青年到壯年又步入老年。就像身後這棵大樹，樹幹斑駁，枝椏眾多，頑強生長著……

回到台北定居，禮拜堂的公開「亮相」，老朋友的絡繹造訪，宋美齡的不時召見，蔣經國為之祝壽，買地建房……接踵而來的「好事」，使原本除了讀書就無所事事的張學良一時間忙得團團轉……。

這讓「管束」他半輩子的劉乙光，心裡極不平衡也很不痛快。過去有好些事必須透過他或「請示」他才行，現在張學良可以透過別的渠道直接得到宋美齡的幫助，劉乙光無法像過去那樣隨便訓斥「副座」了。一旦走出大山，猴子就當不了「大王」了，劉乙光的「失落」可想而知，便藉「買地建房」事發難。先是斥責張學良看地不經過蔣經國，接著因為張學良叫劉乙光部下去辦事，劉大為不滿，兩人口角不止。十一月廿六日，張學良一早到建房地，看看施工的情況，因未告知劉乙光，晚上，劉乙光大發脾氣，說「不應該亂出去，我有話對你講，你不可以把我們看成你的副官」。張學良沒想到，前幾天剛去劉乙光家，祝賀劉過生日，一轉臉就變「桀驁的（地）指責我如同他的僕役」。早在九月時，劉乙光就警告張學良，「今後有人談話和送信，必須經他的手，不可由董顯光或王新衡」。

張學良生氣歸生氣，除了在日記中記下劉乙光「大長脾氣」或向老朋友講述「余數年不愉快之經過」並「大發牢騷」外，逢年過節，依舊送禮相待，「大人不計小人過」。還有太多的事要辦，復興崗的房屋，將是張學良為自己與趙一荻安享晚年而營造的「溫馨」的新家，只要有空閒，他總會去看看……

1958 年，張學良、趙一荻移住台北幽雅招待所。從北投張學良的住所可以遥眺觀音山，宛如睡觀音，這是張學良拍攝的台灣風景之一。

轉眼間，一九六〇年的聖誕節快到了。

十二月十六日夜裡十點，宋美齡「差游秘書送來聖誕卡兩封，余和 Edith，並二人的禮物」。

十二月廿一日，蔣孝文「親送來 C. C. K.（蔣經國）節禮及本人禮，新衡夫婦差轉送來節禮兩包」。

十二月廿四日，張學良與趙一荻到董顯光家與其家人共進聖誕晚餐，當新年快樂的音樂響起時，張學良裝成聖誕老人在歡樂中一一分發禮物給大家。「九點半到凱歌堂做禮拜」，見到了陳誠、王亮疇夫人、王叔銘、彭孟緝等人。「十一點半歸來，宋美齡送來手書一件，食品多種。」

十二月三十一日，張學良與趙一荻、董顯光夫婦、劉乙光全家一同到建房地山上野餐。站在那裡，能看到張學良、趙一荻將來的「新居」，山谷的風輕輕拂過稀疏的頭髮，草木的氣息讓張學良想起了那一段段與世隔絕的山居歲月……。

明天，新的一年又將來臨。

張學良在西子灣寓中的書房。

張學良將拍攝的照片製作成幻燈片，這樣欣賞時就很方便。這也使大量的照片得以保存。

書架上的圖書記錄了趙一荻的「伴讀」時光。

趙一荻在西子灣的書房。趙一荻也老了，看書時也離不開老花眼鏡了。

鏡中人在日漸老去，愛美之心猶存。趙一荻的家居生活，鏡前梳妝，編織毛衣。相比井上溫泉，生活條件及環境大有改善。

一針一線總是情，兒子的照片總是伴隨著趙一荻。

張學良喜歡開車，開快車。尤其喜歡這種美製軍用軟篷吉普。當年在北京時，一次駕車去天津，路上一輛卡車總在前面擋道。張學良急了，抽出手槍照卡車後輪給了兩槍。卡車司機不知怎麼回事，他的吉普車便超過去……眼前這輛吉普車，自然會勾起「少帥」諸多往事，並躍躍欲試。

晨起，先打一套八段錦，這是張學良養成的習慣，他在日記中寫道:「假如陽明先生、總理能多享壽數十年，他們給人類的貢獻，一定比現在還大的（得）多了。所以我們為了個人的享受，多活幾年，少活幾年，那是沒有多大關係。如果以生民立命，繼往開來之誠志，那麼對養生延壽，亦不可忽視。」

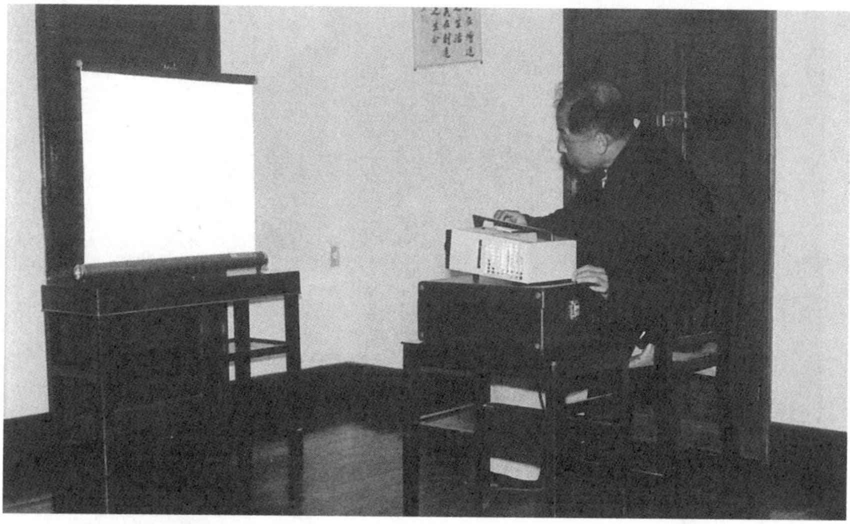

小小的幕布、幻燈機，將張學良所拍攝的照片一一呈現，宛如時光倒流，記錄張學良如何走過這難熬的黑暗日子。在井上溫泉時，除了收音機，小電器「幾成廢物」。

趙一荻在西子灣散步。

西子灣院裡的空地，都被張學良種上了花草。

1958-1959 年，張學良、趙一荻多次往返於台北與高雄。1960 年，宋美齡派董顯光作為張學良的「伴讀」研讀《聖經》。原先一直研究明史、儒學的張學良，後來體悟到宋美齡讓他信仰基督的「良苦用心」。1960 年 4 月，「奉蔣秘書長命余等遷居台北……係夫人的意思，言多帶東西，不能再返高雄」。

1959年張學良拿到彩色膠卷後，在北投幽雅招待所興致勃勃地為趙一荻拍下一組照片。可惜的是，不知是早期彩卷的品質問題，還是保管不善，張學良拍攝的這些底片受損較多。

十七 張學良台灣幽禁期間讀書影像

張學良在幽禁期間以「讀書」為最快樂的事，尤其在台灣新竹井上溫泉期間，不再如抗戰時的顛沛流離，能安安靜靜地讀書，感到欣慰。正如其日記形容：「一日吃睡之外，得安靜看書，快哉！」

雖然欣慰能多讀書，張學良未能參加抗日戰爭，引以為憾。感慨之言見於其 1939 年 9 月 27 日日記：「人家都在那裡打仗，咱『國難家仇』的人，靜坐塘邊來釣魚，『戎馬半生』已竟二十年了！年近四十，再幹一幹『蠹書蟲兒』。」

每年元旦，張學良啟用一本新的日記本記下該年的讀書計劃。1948 年元旦的一首詩道出無奈與悲傷。

大眾那塊、冰天雪地，我這裡、風暖花開；
大眾那塊、饑寒交迫，我這裡、豐衣足食；
大眾那塊、砲火連天，我這裡、悠然高臥；
兩相對照、心情交織，我也不知、是悲是喜。
來一首可以臭倒牆的詩，權當作我的新近試筆。

與世隔絕，居於深山中的張學良仍在思考著國家社會、乃至世界及人類問題。1955 年 7 月 15 日其日記如下：「今後的半個世紀，社會問題如經濟制度、風俗、思想、道德標準等等必將有急劇的變動。吾人真得如林肯所說的『必須有新的想法和新的行動，我們必須解放自己，然後將能拯救我們的國家』。吾人得敢面對現實、清晰的（地）認識現實，才能夠不跟現實脫節。固步自封，空中閣樓，那都是解放不了自己的，也就說不到拯救國家。我在這裡想：核子戰爭之慘，滅亡人類。自然的，人類就決（絕）不敢玩火自焚，也許冷戰是不會停頓的，可是熱戰是不會發生的了。這個問題，要再看一看，想一想。我記在這裡以便追證。」

1957 年初張學良奉命趕寫《雜憶隨感漫錄》及抄繕經過批改的信函等，必須日日埋頭於書桌前，回想往事令其感傷。所幸在書中找到樂趣。5 月交稿後，張學良在日記上寫著：「對於道心，人心，多年誤解。最近始明道心，有人欲蔽障，就為人心；人心克淨人欲，即是道心，非二也。余明此，真是手舞足蹈之樂。」

讀書後的咀嚼其味無窮，坦誠的自我剖析尤屬難得。張學良認識儒、釋、道的過程中，如稚子般地將心得感言表達於1957年6月3日其日記中:「儒曰『仁者不憂，智者不惑，勇者不懼』。佛曰『菩提薩埵……無有恐怖，遠離顛倒夢想』。這都是生死大關，我們把生死大義看得明白，懼是比較容易沒有，可是憂惑、夢想總是時時要有的。」

張學良將其藏書後來全部捐給了台中的東海大學。書籍包括中外文學、史學、哲學、政治學、社會學、宗教學及經濟學等。從 1957 年 6 月 5 日及 6 月 6 日張學良日記中反映了他對看書的反省：「昨日看了一篇小說，爾後對於那無益文字，決（絕）不再閱看。」「業精於勤，荒於嬉，我對勤總不如嬉，年將六十，仍如童年，自雖知而不能改。」

張學良於高雄西子灣居住時可瞭望大海。1957年11月25日抵西子灣一個月後，在日記上寫著：「晨坐望海，忽然悟到，海，不管洋船、木舟、竹筏，只要遵循它的法則，它就載，否則它就覆。天命之謂性。道、教不可離者，此中可尋出端倪。『天道無私』，亦在此也。」

1957年10月24日，張學良自新竹井上溫泉搬住高雄西子灣，在當天日記中形容西子灣房屋寬闊、環境幽美，為廿餘年來最舒適的處所。第二天忙了一整天，親自整理書房，分類書籍等。次年1月1日元旦張學良在書房中寫的日記如下：「自天子以至於庶人，一是皆以修身為本。」儒家的修身，非是自私，乃是「修己」以安人，而君子亦絕不是為了安人而修己；「達則兼善天下，獨則自善其身」。

「我今感悟，『知易行難』乃是指『尊德性』內修的『行』；『知難行易』乃是指『道學問』，求科學知識上的『行』。譬如使用收音機，你能知道它的用法就可以了，不必一定研究它無線電學的原理。內修的『行』，在實行上，實在是有點難。」

張學良晚年視力衰退嚴重，頗受眼疾困擾，但他仍好學不倦，勤於讀書。

高雄西子灣地處亞熱帶，幽靜的庭院中，張學良享受著冬天的陽光。對於「心」、「性」問題，張學良反覆思考，感想記於1958年1月10日的日記：「今晨，我關於『心』、『性』問題，反覆思考，我覺著性是附麗於心，也就是說心好似冠在性之上，『明心見性』。就推想到『天命之謂性』這句，夫子不是明明的（地）說，『食色性也』，這也就是說食色之性，是由天生而來。因此我覺得，『率』字當另解，不完全照朱子原注。說文上說：『古率帥同，通用。率，領也』，左傳，率師以來，惟敵是求，秦時有『衛率』，主領兵雜，以衛東宮。辭源『率』一定之限制曰率，孟子曰，『羿不為拙射，變其彀率』。假如說『遵循』性是道，那麼說戒慎恐懼，不睹不聞，我認為有點勉強。我要說，我所想的，那麼是不是『性善』說了。孫總理說：『人性中含有獸性。』這是對的。天命食色之性，這裡面有貪，有人欲，我認為（現階段）性中含有人欲和貪，假如不節制之，那就是人欲橫流，也就是獸性發展。節制之道就是『仁』、『禮』，仁是人人相處相伴之道，忠（誠）恕而已，所以必須不睹不聞上用功夫，所以才要戒慎恐懼，否則，『人心惟危』，稍一不慎，就又到人欲那方面，就會發展獸性了。『道不遠人』，我解作，道不能離開人的——仁者人也。下句說『人之為道而遠人，不可以為道』。這不是說嗎，道是人為的，人之去為道，如果離開了人，那就不可以為道了。這兩段，我不敢自認是完全正確，因為想到，姑志此，以待自己再研討。以待請教高明通儒。」

歷史大講堂

張學良與趙一荻的清泉幽禁歲月1946-1960

2011年6月初版
2016年9月初版第三刷

定價：新臺幣350元

編著者	張閭蘅
	張閭芝
	陳海濱
總編輯	胡金倫
總經理	羅國俊
發行人	林載爵

出版者	聯經出版事業股份有限公司
地址	台北市基隆路一段180號4樓
編輯部地址	台北市基隆路一段180號4樓
叢書主編電話	(02)87876242轉229
台北聯經書房	台北市新生南路三段94號
電話	(02)23620308
台中分公司	台中市北區崇德路一段198號
暨門市電話	(04)22312023
郵政劃撥帳戶	第0100559-3號
郵撥電話	(02)23620308
印刷者	文聯彩色製版印刷有限公司
總經銷	聯合發行股份有限公司
發行所	新北市新店區寶橋路235巷6弄6號2F
電話	(02)29178022

叢書主編	李佳姍
校對	陳怡慈
整體設計	江宜蔚

行政院新聞局出版事業登記證局版臺業字第0130號

本書如有缺頁，破損，倒裝請寄回台北聯經書房更換。 ISBN 978-957-08-3814-5 (平裝)
聯經網址 http://www.linkingbooks.com.tw
電子信箱 e-mail:linking@udngroup.com

國家圖書館出版品預行編目資料

張學良與趙一荻的清泉幽禁歲月
1946-1960/張閭蘅、張閭芝、陳海濱編著．
初版．臺北市．聯經．2011年6月（民100年）．
352面．17×23公分（歷史大講堂）
ISBN 978-957-08-3814-5（平裝）
[2016年9月初版第三刷]

1.張學良 2.趙一荻 3.傳記

782.186 100009269